中国传统益智游戏

TRADITIONAL
CHINESE
PUZZLES I

[美] 雷彼得　张卫　刘念　著

生活·讀書·新知 三联书店

此书献给我们的父母
是他们让我们在充满爱心和好奇心的世界里成长

目录

序言	杰瑞·斯洛克姆	6
不解之缘	雷彼得	8

中国传统益智游戏概述　　　　　14

九连环　　　　　　　　　　　　20

巧环　　　　　　　　　　　　　54

七巧板　　　　　　　　　　　　78

七巧桌　　　　　　　　　　　120

七巧盘　　　　　　　　　　　148

益智图　　　　　　　　　　　190

鲁班锁　　　　　　　　　　　226

华容道　　　　　　　　　　　256

广州制外销益智游戏历史　　　270

致谢　　　　　　　　　　　　299

图像来源　　　　　　　　　　301

序言

杰瑞·斯洛克姆
Jerry Slocum

雷彼得、张卫和刘念所著的这本书据我所知是世界上第一本专门有关中国益智游戏（mechanical puzzles）的著作。书中包含的游戏从数量、质量到范围都令人惊叹！作者明确地将民间传说与已考证的史实分开，以十分严谨的态度和幽默的口吻将多年的研究成果以通俗易懂的方式讲述给读者。书中除了作者自己大量的有趣经历，还有引人入胜的史实或历史典故，为读者提供了丰富的背景，赋予了这些游戏以新的生命。

从世界上最早有关七巧板的书籍到清皇室玩过的游戏，书中展示的藏品是雷彼得、张卫夫妇1700多件令人惊叹的博物馆级中国传统益智游戏的精华，是他们这二十年来八十多次在全世界不懈追求之所得。其中五十多次在中国的探寻更是让他们毫无争议地成为了中国传统益智游戏的专家。无数个古董市场、博物馆、图书馆、档案馆以及所有19世纪中西贸易重镇都留下了他们的足迹。除了这本有关中国传统益智游戏的书，我还读了《趣玩Ⅱ：中国传世智巧器具》。我对其中的中国连环戒指、机关锁具、机关匣盒、益智容器和视觉游戏也同样印象深刻。

传统的中国益智游戏对我本人的机械益智游戏的收藏和研究产生了深远的影响。我小时候住在芝加哥，在当地一家玩具店买到一个名为"古老的中国益智游戏"（The Ancient Chinese Puzzle）的解环游戏。那是一个中国九连环的七环版本。我当时已经收集了很多简单的金属丝制和钥匙扣机械游戏，但没有一个比这个七连环更具挑战性。惊讶之余，我研究了半天终于解开了它。令我自豪的是，我的小伙伴们、我的姐姐，甚至我的父亲——一位电气工程师，都不会解那个七连环。这份荣耀带来的激励让我成为了一个严肃认真的收藏家，而且一发不可收干了75年。至今，我收集了各种类型、来自全世界的四万多个机械益智游戏，还在家里后院建了一个益智游戏博物馆。

从20世纪80年代起，我就开始对中国益智游戏的历史感兴趣，尤其是中国七巧板的发明。七巧板是第一个风靡世界的益智游戏，其他三个流行于世界的游戏分别是：排十五游戏（The 15 Puzzle）、赶猪进圈（Pigs in Clover）和魔方（Rubik's Cube）。这个由七个几何板块拼成人物、动物、物品和风景的游戏不仅在中国，而且在整个西方世界都有着令人难以置信的影响。在为我自己的《七巧板》（The Tangram Book）一书做研究时，我们居然在巴黎郊外的一个博物馆里看到拿破仑的中国制象牙七巧板及中文版图题、图解书籍。拿破仑被流放到离非洲西南海岸1200英里的圣赫勒拿（St. Helena）岛上，如何可能与中国益智游戏有关联？显然，他是1816年从一艘自中国广州返航英国的船上获得的！在马车及帆船运输的年代，七巧板的传播速度令人惊叹。所以我很高兴作者在本书中专门讲到了广州制外销益智游戏的历史,毕竟中西贸易带给世界的变化是多么深远啊!

我在华盛顿特区的国会图书馆里找到了一本薄薄的中文《巧环》小册子,之后给了张卫一部分复印件,没想到我无心插柳之举却偶然而且荣幸地启发了雷彼得、张卫夫妇,他们开始收藏研究中国传统益智游戏。1997年,他们去苏州找到了巧环艺人的家人,后来还促成了巧环传人来美国,与儿时相熟的《巧环》作者温馨会面。当我也见到就住在附近的《巧环》一书的作者时,不禁感叹世界之小。

自从1978年我和妻子玛戈特(Margot)在家中举办第一届国际益智游戏聚会(International Puzzle Party,IPP)以来,热情高涨的来自各地的与会者、同好让我们家渐渐难以容纳。于是我们将此会扩展到了全世界,目前年会地点在欧洲、美国和东亚之间轮换。1998年,在我和雷彼得、张卫夫妇一起赞助了几个中国智友出国参加IPP年会后,我们第一次组团来中国与当地智友交流。这个国际交流一直持续到今天,来自中国的智友是每年IPP聚会的常客。

此生我主要想做的是将对益智游戏的热爱传递给他人。2006年,我将我的收藏捐赠给了印第安纳州布卢明顿(Bloomington)的印第安纳大学图书馆,我热情地邀请本书的读者来布卢明顿参观一下。

收藏研究者最大的心愿莫过于能够永久集中地展示他们毕生收集来的藏品,分享多年来的研究成果,并在教育研究方面后继有人。2008年我和妻子从洛杉矶驱车前往旧金山参观了雷彼得、张卫的首次展览,看到他们的收藏研究开花结果,我们由衷地为他们感到高兴。现在这本书的出版不仅填补了相关领域的空白,而且无疑将成为未来几十年中国传统益智游戏的重要参考资料,后来的研究者必将因雷彼得、张卫做出的贡献而站得更高、看得更远。

于美国加利福尼亚州贝弗利山

杰瑞·斯洛克姆
著作目录

Puzzles Old and New
《新老益智游戏》
1986年

The New Book of Puzzles
《益智游戏新汇》
1992年

Ingenious and Diabolical Puzzles
《智巧又恼人的益智游戏》
1994年

The Tangram Book
《七巧板》
2003年

不解之缘

雷彼得
Peter Rasmussen

> 益智游戏的解题其实和现实生活中的解题十分类似。[1]
>
> ——厄尔诺·鲁比克（Ernö Rubik），1986 年

每当想起我与中国传统益智游戏的不解之缘，儿时的情景便会浮现在眼前。我的父母当时在美国南方的一个院校里教书，经常邀请师生们来家里讨论时政。说到复杂棘手的局势时，偶尔有人会摇头感叹："This is a Chinese puzzle！"（这简直是个中国谜题！）虽然讨论的题目与十万八千里外的中国或中国人毫不相干，但西方人历来对这个遥远的文明古国抱有崇敬好奇之心，因此生活中各种神秘稀罕的物件或事情常被冠上"中国"二字。

1986 年夏天，中国还在改革开放初期，父亲四处奔波为中国募集了 24 台苹果电脑，并率领一个专家团来华普及计算机基础教学。他决定工作结束后要好好地看看中国。我放心不下七十岁的父亲的安全，决定飞过去当他的保镖。买了一本旅行指南、一本英汉常用语手册和一张地图之后，我就此踏上了一条改变我人生的路。

途经香港的夜轮缓缓地到达广州，再深入到中国的腹地河南，我在郑州火车站广场对面的小招待所内，和三个从未谋面的中国旅客在同一间房里过了一夜。床板上铺着篾席，我辗转反侧，对身边的一切既陌生又好奇。接下来的一星期里，我指着那本英汉常用语手册上一行行的句子吃饭问路，乐于助人的过路人指着手册上的一个个相应的单词解答疑难。就这样，我一路饱览了中国的秀丽山河，去过宁静的寺庙古塔，也在热闹的街边摊上打过台球。那时来中国的外国人不多，到哪儿都会吸引人们好奇的目光。从洛阳去北京的绿皮火车上，只有站票的我，在三人挤双人座、四人挤三人座的拥挤的车厢里，与当地人打成了一片。有位轴承厂的翻译甚至教会

---

[1] John Tierney, "The Perplexing Life of Ernö Rubik," *Discover*, March 1986, pp. 81–88.

了我打中国扑克牌"争上游"。我和所有人一起开怀大笑，热闹地分享食物，打了一宿的牌，真像在家一样！我从此爱上了中国，爱上了中国人。

列车缓缓驶入北京。我被接到当时在紫禁城附近的人民教育出版社与父亲会合。简单梳洗后，我走上二楼。走廊一边是熙熙攘攘的会议室，拐角是个气味十足的公厕。父亲在楼梯口迎接我，边上站着位姑娘。她有一头秀发和一双睿智的眼睛，父亲介绍说这就是他常提起的张卫，在美国读计算机研究生，正给他当帮手。张卫一口流利的英语，伶俐又不失亲切，我怦然心动。千里姻缘一线牵，我就是这样大汗淋漓地在北京一个炎热的夏日结识了我未来的太太张卫。我那要"好好地看看中国"的父亲还未走出出版社大楼就稀里糊涂地当了儿子的"月老"。

张卫在中国西北出生长大，自幼喜爱益智游戏、动脑解题。巧的是，我曾经是名中学数学老师，也在课堂上用过益智游戏做教具，后来还一直在加利福尼亚州出版数学书籍。从命运的火车在1986年6月25日到达北京站的那一刻起，有着共同爱好的我和张卫便注定要与中国传统益智游戏的收藏和研究结下不解之缘。

1994年我和张卫参加了在美国西雅图举行的第十四届国际益智游戏聚会（International Puzzle Party）。在这个由世界益智游戏爱好者、收藏家、发明家及生产商组成的文化群体里，我们有幸结识了聚会发起人，美国著名益智游戏收藏家、历史研究学者杰瑞·斯洛克姆（Jerry Slocum）。他在美国国会图书馆里发现了一本1958年出版的巧环游戏中文书，后来复印了几页给张卫，由此促成了我们前往中国寻找当年的苏州巧环老艺人。1997年那次苏州之旅，我们还在周末的文庙古玩市场买到一个精美的黄铜制九连环，此前我们从未意识到中国还有古旧的益智游戏在流通传世。我们从此开始了对濒临

【左图】
父亲（左二）让我（右一）偶然认识了张卫（左三）
人民教育出版社
北京
1986年

【右图】
在寻宝的路上
陕西韩城
2017年

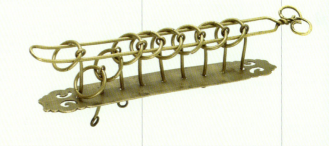

黄铜九连环，我们在中国购得的第一个藏品

不解之缘 9

北京益智玩具研究小组
2000年

失传的中国传统益智游戏二十年的收藏和研究。

　　每年，我们像候鸟一样，在春秋两季飞回中国，周游各地、广交朋友。当时古玩市场里的民俗杂项物件比现在丰富得多，北京又是学术文化中心，我们与一些年龄相仿的游戏同好一起成立了北京益智玩具研究小组。

　　为收藏而寻宝，但找到了宝贝如何能称心如意地把它买回家，也是个学问。我和张卫不得不从零开始学。第一次还价是在上海的福佑路露天市场。张卫静静地观察别人都是如何讨价还价的，并从交易中算出还价的百分比。铭记在心后，她看到一本心仪的铅印游戏书，便鼓起勇气，机械照搬那个百分比还价，结果不悦的卖主直接请她走人。当时我们的脸皮都特薄，只好怀着遗憾离开了。那次与宝贝失之交臂之后，我们学会了要花工夫去了解物品的价位。

　　当然就算对市场行情了然于心，也有例外的时候。我这张老外的脸是个价格晴雨表，只要我的眼光在中意的宝贝上多停留一下，价格马上翻番。我和张卫常常不得不制定策略，分头行动。但我这张脸有时也给我们带来意想不到的好处。中国人好客、直爽，对我和我们的工作无不好奇，生意归生意，帮忙归帮忙，许多古玩商不仅主动替我们寻找、保留益智游戏物件，还多次开车带我们去偏远的乡下寻访，一来二去我们都成了朋友。

　　1999年，上海文物商店的一个朋友给了我们一个全国各省市文物商店的名单，上面有数百个店铺及经理的名字。此后的几年，我们按图索骥，一一光顾，有时还在得到允许后，去库房看看有没有更多的益智游戏。比如这套

从武汉市文物商店库房里
找到的民国花鸟七巧盘

【左图】
上海福佑路露天市场
1998 年

【右图】
山西张兰乡村古玩集市
2017 年

民国花鸟七巧瓷浅攒盘就是在武汉市文物商店满是灰尘的库房里找到的。

我们最爱去的是乡镇古玩集市。在那里上百个卖主往往天蒙蒙亮就已经在市场上摆好摊,五花八门的旧货古玩在文物贩子拿到手之前已在此待售。不满足的我们还将淘宝范围扩大到港澳台地区、新加坡和 19 世纪时与中国贸易频繁的欧美口岸城市。比较高档一些的古玩,如在《趣玩Ⅱ:中国传世智巧器具》中介绍的瓷制益智容器,要在欧美的古玩店和拍卖公司才能买到。不论是打着手电,在寒冷漆黑的乡村古玩地摊鬼市寻觅,还是憋着气在无比呛人、香烟缭绕的古玩商店里流连,或是在正襟危坐的国际拍卖会上电话竞拍,我们总是乐在其中。

每次去考察,我都有个记笔记的习惯。从所有人的联系方式,到偏远地区的村落方位;从与学者们研讨的内容,到与古玩商讨价还价的金额;从哪个酒店性价比更高,到哪个招待所的厕所漏水,事无巨细我都会统统记下。每次回来后都要将烂笔头写下的信息输入电脑,打印后加上浅黄色封面,最后装订成册。出行时带上更新了的"黄皮书",十分方便,比智能手机还好用。许多人几年后见到我,尤其是古玩商,对我"超强的记忆力"感到十分吃惊。毋庸置疑,这二十年积累下来的 59 本"黄皮书"——放到电脑里有 236 页

堆积在我书桌上的部分"黄皮书"

之多——也为我们写这两本书提供了极其珍贵、详细的资料。

　　大约在 2005 年，我和张卫突然意识到，我们无意中成了世界上唯一聚焦中国传统益智游戏的藏家。为了向发明和制作了这些益智游戏的学者和匠人们表示敬意，我们将我们的收藏命名为"艺智堂"，因为每一件藏品都凝结有中国民俗文化的艺术和智慧。艺智堂现有一千七百多件藏品，大部分是清晚期至民国的民俗物件，但也不乏早至宋代的益智容器。既有用料贵重的皇家精品，也有朴实无华的百姓玩具。所幸大部分民俗杂项价格比较亲民，价值连城的高档益智游戏比较少见，因而在一个消费得起的范围内，我们在收藏界开辟了一块小小的、未曾耕耘过的天地。

　　收藏的同时，我们也为收集来的相关史料创建了一个数据库，里面有几百份书籍文章、图录图片和益智游戏古籍。不过在此过程中我们也遇到了几个困难。其一，传统的中国益智游戏，如七巧板和九连环，历来被认为是妇孺之戏。历史上研究它们的学者时常被人嘲笑，因此中国的文史资料鲜有关于这些游戏的记载。其二，一些益智游戏的起源由于各种传说和猜测，以及文字上的牵强附会，被人们以讹传讹成了"事实"，我们不得不反复独立考证，去伪存真。其三，不计其数的中国的历史资料在 19、20 世纪的战乱和动乱中被毁，太多历史信息已难再取证核实。

　　中国在过去几十年里发生了巨大的变化，千百万人历史上头一次有了闲钱。这直接导致古玩价格连年飙升，市场资源枯竭，即使偶然见到几件佳品也是"老物件卖一件少一件"。大家不免唱叹，收藏中国古玩的辉煌时期已经过去。我们也经历了从懵懂地收集到主题鲜明地收藏，从四处兴奋地寻宝到伏案研究、追根溯源的过程。所有的专题收藏都有一个生命周期，这也意味着已经处在成熟阶段的艺智堂收藏即将开启一个新的阶段。我们决定将找到的物件、故事、资料分为《趣玩Ⅰ》和《趣玩Ⅱ》一起出版。《趣玩Ⅰ》着重在中国发明或本土化的游戏及广州外销益智游戏的历史，《趣玩Ⅱ》则侧重于中国传统益智游戏在日常生活中的运用。

　　2008 年我们在旧金山中华文化中心做了题为"中国传统益智游戏：动手动脑的竞技"（Chinese Puzzles: Games for the Hands and Mind）的益智游戏收藏展览，这是我们的藏品第一次展出。两年之后在纽约的美国华人博物馆，部分收藏再次展出。除了展出精挑细选出来的藏品，我们还提供了互动台，使大家有机会动手动脑、亲自把玩和体验，受到了不同年龄段中外人士的喜爱和好评。我们希望有一天艺智堂收藏能够叶落归根，在中国的博物馆里建立一个永久的家，既为年轻人创造一个前辈们曾经有过的动手动脑的机

【左图】
中国传统益智游戏展
美国纽约华人博物馆
2010年

【右图】
作者雷彼得（右）、
张卫（中）、刘念（左）

会，也为老一辈人提供一个回顾儿时娱乐光景的场所。

不论去哪里，总有那么多人对我和张卫所做的事情感到好奇，因此，我们决定通过穿插各种有趣的收藏经历来写这本书。由于我为此书写了第一稿，因此我们决定此书以我作为第一人称，从我的角度叙事。我们的合著者，旧金山的艺术家及摄影师刘念与我们合作已有十一年。尽管她一再宣称对益智游戏"一窍不通、锲而舍之"，但在工作中她为我和张卫不知解决了多少棘手的问题。从巴黎"十顾茅庐"解救七巧攒盘，到找到最后一位山西倒流醋壶匠人，刘念总在紧要关头为我们实现十几年努力未果或是已经放弃了的目标。书中许多故事的幕后都有她的影子，书中的人物照片大多是由她在照相机后面按下快门，藏品拍摄则都是由她精心设计、造型而完成。我们很高兴她以自己的智慧和才华成为我们小团队的正式成员，共同书写了这两册书。

收藏中国传统益智游戏是一个漫长曲折的旅程。这个旅程不仅仅让我们无数次地走过中国的城市和乡村，还带我们穿越了中国的历史、传说、艺术和文化。写此书的目的除了介绍益智游戏之外，我们还希望激励读者们去发现中国传统益智游戏中的艺术形式和文化寓意，去探索当年的历史社会环境。若读者们想跟进我们的研究和动向，请登录我们的网站 www.ChinesePuzzles.org 或通过 info@c2p2.org 与我们联系交流。

欢迎大家加入我们时光倒流的旅程，分享我们颇感自豪的发现，笑话我们曾经犯过的错误，一起来畅游这个迷人的中国传统益智游戏世界！

于美国加利福尼亚州伯克利市

2020年5月

中国传统益智游戏概述

多米诺骨牌、围棋、牌九等都起源于古代中国。与其他竞技游戏一样，游戏都有规则，目的是有一人或一队获胜。游戏是互动的，每一步都由于对手的应对而发生变化，因此每次玩都不重复。以围棋为例，黑白双方交替下子，相互围剿，争夺地盘，游戏以围地大小定胜负。规则简洁，玩法却千变万化，因此直到今天仍长盛不衰。

益智游戏与普通游戏一样也有规则，但没有对手需要去击败，只要独自找到解决方案就行。因此益智游戏常常一旦解题便失去了再玩的乐趣。不过那些可以变出不止一种花样来的益智游戏除外。比如鲁比克魔方每一次被重新打乱，即每改变一次它的起始状态，就能有一种新鲜的玩法。七巧板的每一次的新组合也是一种新鲜的玩法。

一般来说，中国的传统益智游戏的出现比竞技和对弈游戏要晚得多，虽然有些益智游戏的根源可以追溯到五百到一千年前，大部分还是出自清代晚期和民国。有的益智游戏，如七巧板，起源于中国；另一些，如华容道，则是流传到中国后被本土化，演变成有中国特色的益智游戏。还有一些，如广州的象牙益智游戏，则是专门为外销而制作的。而某些益智游戏，比如九连环，则起源不详。

在19世纪早期，英文词组"机械益智游戏"（mechanical puzzle）被用来命名那些测试人们解题能力的游戏玩具，与谜语、字谜和数学谜题区别开来。1986年，美国著名益智游戏收藏家和历史学家杰瑞·斯洛克姆将机械益智游戏定义为"一个需要用逻辑、推理、思辨、运气甚至巧手来摆弄，独自寻找解法的独件或组件"。[1] 斯洛克姆还按照它们的解题方式将机械益智游戏分成：组合游戏、拆分游戏、实芯互锁游戏、解脱游戏、顺序步骤游戏以及益智容器几大类。本书介绍了诸如七巧板、九连环、鲁班锁、华容道等与传统益智游戏有关的竞技游戏；《趣玩Ⅱ：中国传世智巧器具》则收纳了中国民间制作的智巧、带机关的实用物品。两本书基本都遵循斯洛克姆的游戏分类。

---

[1] Jerry Slocum and Jack Botermans, *Puzzles Old and New: How to Make and Solve Them* (Seattle: University of Washington Press, 1986), p. 4.

九连环（解脱游戏）

19世纪以前中国鲜有机械益智游戏的文字记载。1821年一位自称贮香主人的学者在书中图文并茂地介绍了中国的九连环游戏和一个绝妙的解法。解九连环需将其长长的手柄从由九个相连的环组成的框架中解脱出来。连环反反复复地从手柄里套入脱出，共341个步骤，与二进制格雷码（Gray binary code）排列同出一辙。九连环游戏只有一种解法，会者不难。解九连环的过程重复又单一，但如果悟出有条不紊的解环方法，进而让自己的解环速度越来越快，则是令人欣喜的回报。

有关解连环游戏的史料在意大利可以追溯到16世纪，但它在中国和日本的历史也很悠久。撇开起源不谈，中国的解连环游戏因其独特性而自成一家。西方的解连环游戏的环数不尽相同，而中国的解连环游戏的环数只有九个，因而被称为九连环。没有任何一个国家的连环游戏像中国九连环那样，材质从银、翡翠、象牙、铁，到白铜（铜镍锌合金）、黄铜、红铜都有；手柄及其他组件上布满了富有传统寓意的精美图案。九连环还出现在18世纪曹雪芹的巨著《红楼梦》中。它早已是中国文化遗产不可或缺的一部分。

巧环（解脱游戏）

形式各异的巧环在解脱类游戏中占的比重很大。巧环由金属丝制作，通常包括一个带环的框架和一个手柄。巧环的框架可以是固定的也可以是活动的，外形丰富多彩，常见的有动物、水果、花卉、物件及几何抽象图样；框架上环的数量和种类也各不相同。与九连环一样，巧环游戏的目的是要将套在框架上的手柄解脱出来，再将脱离的手柄重新套入框架。与九连环重复单一的解法不同，巧环由于自身结构的多样性，其解法也随之多样，因而富有趣味性和挑战性。

金属制解脱游戏最早于19世纪在中国和欧洲同时出现，至今仍然流行。1997年我们有幸在苏州找到了一个四代制作、销售巧环游戏的世家。他们的故事是巧环章节的亮点。

七巧板（组合游戏）

七巧板无疑是最著名的中国传统益智游戏，也是到目前为止我们能够十分确定起源于中国的几个益智游戏之一。它由两个大三角形、一个中三角形、两个小三角形、一个正方形和一个平行四边形组成，特点之一是这七块几何平板块可以拼成一个大正方形或两个面积相等的小正方形。游戏的目的是按照所附书籍中的图案轮廓，拼出各种各样的物件、山水、动物、几何图形，甚至是姿态各异的人物来，这还不算玩家自创的图案。七巧板的变化多端和无限的可能是其经久不衰的奥秘。历代中国的工匠们用木头、金属、象牙、骨头、玳瑁和珠母贝等材料精心制作七巧板和盛放它的匣盒。

最早的七巧板块出现在18世纪末或19世纪初期的中国。已知最早的中国七巧书籍出版于1812及1813年，西洋版的七巧书籍随后于1817年问世。在中国，七巧板游戏受到了上自皇室下至平民各个阶层人们的喜爱。18世纪末，一种由七个板块组成的类似游戏也在日本出现，其中五个板块与七巧板的板块相似。但是这个日本版的游戏没能像中国的七巧板那样声名远扬。

七巧板的起源很可能与宋代的七件长方形组合桌几有关。到了明代，件数更多、含三角形和梯形的十三件组合桌几出现。七巧形状的桌几则出现在清代，但我们尚不能确定七巧桌几是出现在七巧板游戏之前，还是源于七巧板游戏。

在七巧板最风靡的19世纪至民国时期，不少实用物件的设计都受到七巧板的启发，如袖珍玲珑的小七巧调色瓷盘、逢年过节盛放干果零食的七巧攒盘及小巧的墨盒。带匣盒的七巧攒盘或大或小，种类繁多，常见的有木、瓷、紫砂、漆器和广东画珐琅。现在，我们甚至能见到七巧的造型被运用到平面分格的设计中，完成了从游戏到设计元素的华丽转身。

益智图（组合游戏）

1862 年，有位名叫童叶庚的学者发明了一个比七巧板更加复杂的组合游戏。这个被称为"益智图"的游戏由十五个板块组成，并附带这位学者自创的拼图集。益智图游戏在玩法上和七巧板游戏一样，要用游戏板块拼出书中的图案来。益智图游戏较之七巧板有更多的板块，且十五个板块中的六个有一边呈圆弧状，因此更适合拼组复杂的图形，尤善于呈现中国古诗词中的场景意境，让拼板游戏更耐人寻味。

童叶庚晚年全心投入到拼图集的创作中，其中包括一套八册的《益智图千字文》。我们有幸能从他出版的各种书（尤其是详尽的序和跋）中了解到他与夫人及五个儿子共同创作的经历。

童叶庚的书让人觉得他是益智图游戏的原创者，但类似的十五组件和十九组件的游戏已经在 18 世纪末的日本问世。我们可以由此推测中日之间必有交流，但童叶庚的益智图板块的雏形是来自中国还是日本尚无定论。虽然如此，童叶庚对益智图游戏做出了极大贡献是毋庸置疑的。含有他创作的上千个极富中国文化特色的图形及说明的益智图之书一直畅销到 20 世纪 30 年代。

鲁班锁（实芯互锁游戏）

鲁班锁类游戏的目的是要将游戏的组件分离开来后再将它们穿插互锁起来。清代文人唐芸洲在 1892 年出版的一套戏法书中图文并茂地介绍了一种"十字双交"形的"益智之具"，并将其命名为"六子联芳"。这个游戏由六根方形条棍组成，除了一根以外，其余的五根中部都有凹槽。这些条棍利用中间的凹槽部位相互穿插在一起，形成一个立体的六面十字形。中国现在把这类游戏称为"鲁班锁"或"孔明锁"，在西方则称为"芒刺游戏"（burr puzzle），因为它们的外观像一种很容易粘在衣服上的叫作芒刺（burr）的植物种子。唐芸洲书中仅提供了一个鲁班锁内部结构的例子，我们找到的鲁班锁里有多种不同的内部结构。鲁班锁类游戏的难易程度常常因为内部结构的变化而增减。

已知欧洲最早有图记载的六组件互锁游戏出现在 1698 年。尽管鲁班锁

结构与中国历史悠久的传统建筑和家具中的榫卯结构十分相似，且这类游戏的起源通常附会于鲁班和孔明，但是中国互锁游戏的起源并不明确。即使如此，中国的工匠们利用鲁班锁的互锁结构制作出了五花八门极具中国特色的生活实用品，如练手球、挂件、绕线架、针线杂物盒、筷子篓、灯笼、蝈蝈笼子等。

另外有一个类似于鲁班锁的球状六组件互锁游戏出现在1894年出版的一套戏法书中，作者也是唐芸洲。这个游戏很可能是中国独创，因为目前在西方尚未找到比它更早的史料或实物。

华容道（顺序步骤游戏）

华容道是一种在带边框的平板游戏盘上玩的滑块游戏。游戏盘内边长是四乘五单位，边框下方中央是个出口，有两个单位长；游戏滑块由十块正方形或长方形的板块组成，全部置入游戏盘时仅剩两个1×1单位的空置空间。在游戏的起始状态，一块2×2单位的大正方形在游戏盘的上方中间，其他九个滑块围在周边。游戏的目的是要将大方块从游戏盘的上方滑到下方的出口。滑块只能横、竖滑动，完成挑战最少需要八十一步。

这个游戏的名字让许多中国人误以为游戏起源于汉末曹操赤壁之战败走华容道的故事。事实上这个益智游戏是英国人在1932年发明的，只是游戏的起始状况与现在的华容道略有一些不同。这个游戏于20世纪三四十年代传到中国以后，人们给它取了这个十分贴切的名字。

中国版华容道的起始状态是有一个以曹操为代表的大正方形滑块在游戏盘上正中央，被大大小小以关羽为代表的反曹将领兵卒的滑块所包围。游戏

盘即是战场，曹操突围的唯一途径是游戏盘下方的出口。这个游戏用来表现当年曹操、关羽狭路相逢，关羽念旧情让曹操从一夫当关万夫莫开的华容道逃生的情景，简直再合适不过了。也是因为这个历史典故，让华容道本地化成了一个中国的益智游戏。华容道爱好者还设计了不同的游戏起始状态，并给予十分贴切的命名。起始状态的不同使华容道游戏的难易程度也相应变化。

广州制外销益智游戏历史

广州作为1757年至1842年间中国唯一对外开放的通商口岸，其历史地位不言而喻。19世纪广州的工匠们制作了种类极其繁多的机械益智游戏。它们是为那些来华采购丝绸、瓷器、茶叶及其他中国特产的西洋商人专门打造的，材料从象牙、玳瑁、珠母贝、牛角到黄杨木、檀香木，应有尽有。所有买过、玩过、看过广州制外销益智游戏的西方商人、摄影师、旅行家无不赞叹它们的巧妙和制作的精美，以及价格的实惠。

这些象牙等益智游戏有的起源于中国，有的则是参照欧洲商人带过来的欧洲益智游戏，加入中国元素制作而成。一个又一个装有十几二十件成套象牙益智游戏和玩具的精美匣盒，就这样源源不断地外销到了欧美的富贵人家。西方人也给这些益智游戏起了许多跟中国有关的名字。比如我们熟知的七巧板在西方名为"中国益智游戏"（Chinese Puzzle）；连环游戏被命名为"中国环"（Chinese Rings），这一名称至今还在沿用；六组件的鲁班锁有时被称为"中国十字"（Chinese Cross）；还有的游戏被称作"中国梯"（Chinese Ladder）或"皇家秤"（Imperial Scale）。

七巧板起源于中国，是当之无愧的"中国益智游戏"，但是将连环游戏称作"中国环"便有些牵强了，因为连环游戏在中国和西方都有五百年的历史，它的起源地尚无定论。同样，六组件鲁班锁的起源地不详，因此将这个游戏称为"中国十字"也有误导之嫌。至于"中国梯"和"皇家秤"，我们找不到任何史料文献或早期实物显示它们起源于中国。

中国传统益智游戏概况表

游戏种类	游戏分类	已知最早中国出现时期	起源	流传区域
九连环	解脱游戏	16世纪	不详	中国
巧环	解脱游戏	20世纪初	不详	中国
七巧板	组合游戏	19世纪初	中国	中国
七巧桌	组合游戏	19世纪	中国	中国
七巧盘	组合游戏	19世纪	中国	中国及外销地区
益智图	组合游戏	1862年	中国	中国
鲁班锁	实芯互锁游戏	19世纪	不详	中国
华容道	顺序步骤游戏	20世纪30年代	欧洲	中国

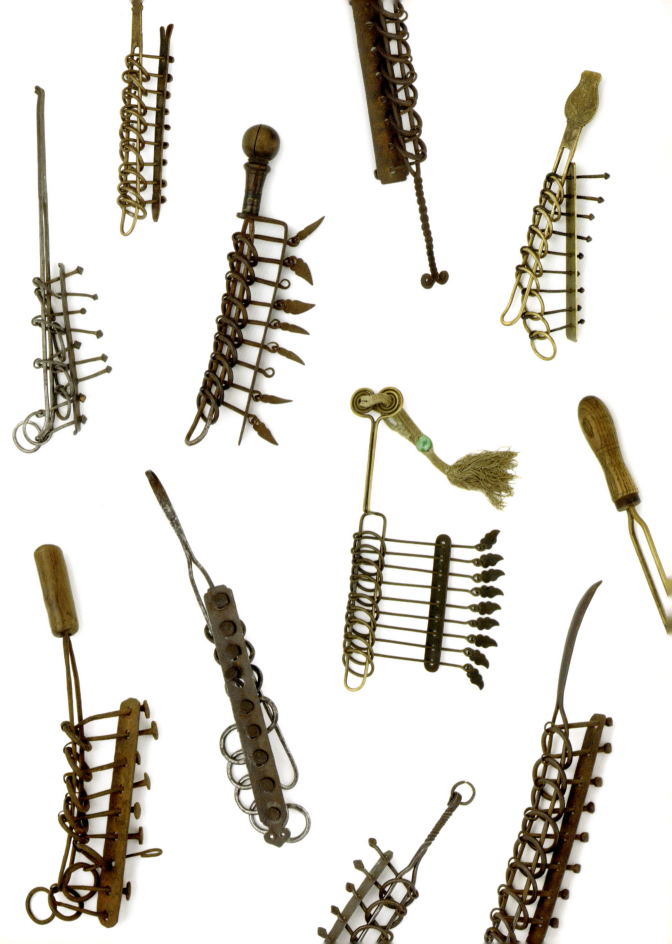

九连环

Nine
Linked
Rings

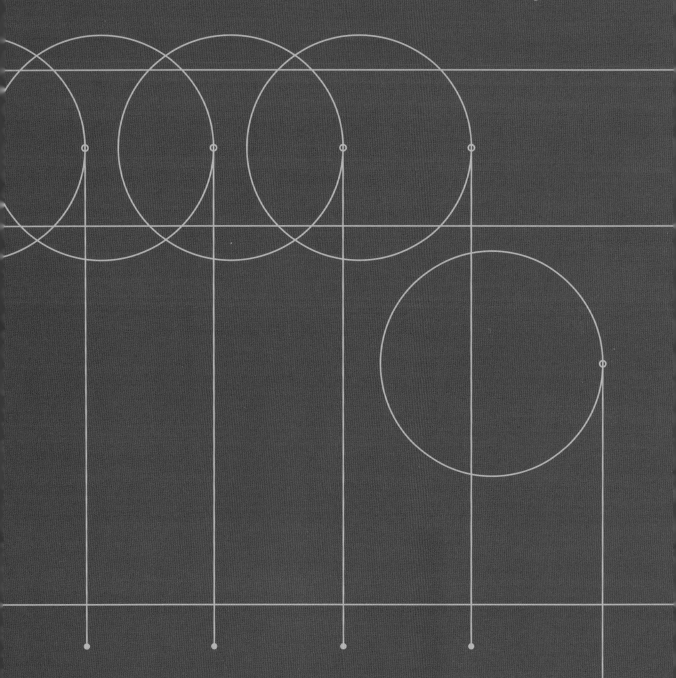

连环可解也。

——惠施（约公元前370—前310）

九连环

九连环在中国是一个家喻户晓的解脱游戏，由环体和长柄两部分组成。环体有九个环环相套的圆环，通过各自的环梗穿过后面相邻的圆环，再穿过下面带洞的底板，有序地连接在一起。环梗底部的装饰物比底板的洞口大，因此环梗虽然可以自如地随着圆环从长柄上上下下，却无法从底板脱出。游戏的目的是将长柄从连环中解脱出来。[1]

许多机械益智游戏经久不衰的奥秘在于游戏规则看起来再简单不过，解起来却得集中精神琢磨半天。九连环便是这样的一个经典游戏。当九个环都套在长柄上时，从第一环（长柄末端的环）到第九环（最靠近手柄的环）完全解下，最少需要 341 步；但游戏规则却只有两个。

规则一：第一环在任何时候都可以从长柄上取下来或套上去。

规则二：解环过程中，任何一个套在长柄上最靠前的那个环为领头环，紧跟在它后面的那个环是唯一可以套上长柄或从长柄上取下的环。

想看看脑子快不快、手灵不灵巧的读者可以买一个九连环来试试。首先按照规则一，把第一个圆环取下。然后规则一与规则二交替进行。取环时，将圆环从长柄中间坠下。上环时，则须将圆环由下而上穿过长柄中央，提起后经由长柄末端滑上。有些人会觉得这个游戏很有意思，有些人则可能会觉得毫无头绪。不要灰心，本章后面会有详细的解说。

黄铜九连环
19 至 20 世纪
陕西韩城
长 26.9 厘米

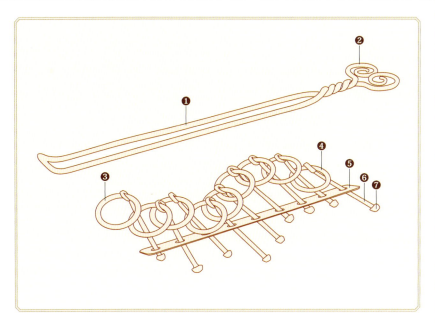

九连环部件构成图
1. 长柄；2. 手柄；3. 第一环；4. 第九环
5. 底板；6. 环梗；7. 起阻碍作用的饰物

象牙制铜丝梗九连环
19 世纪
广州
长 21.2 厘米

  回想起我和张卫的艺智堂的收藏之路，正是从 1997 年秋季的苏州周末古玩市场上买到的一个黄铜九连环开始的。受到那个九连环的启发，第二年春天我们花了三个星期从华盛顿到波士顿把美国东海岸大大小小的城市走了个遍。这些城市曾是 19 世纪与中国通商的贸易口岸。我们试图从那里的博物馆、图书馆和历史景点中寻找当年美国商人带回来的中国益智游戏的历史信息，一路上顺便看看古玩店，扩充我们刚起步的收藏。

  我们最先到达的城市中有一个是巴尔的摩。1844 年 5 月 17 日，载着一千一百包棉花的三桅帆船"先锋号"（Pioneer）在此起航，目的地是澳门和广州。[2] 当年 9 月抵达广州时，船上有一位名叫小奥斯蒙德·蒂凡尼（Osmond Tiffany Jr., 1823–1895）的二十一岁的哈佛大学的辍学生。小蒂凡尼在"先锋号"停靠广州的四个月里逛遍了广州的大街小巷。他日后出版了旅行日记《中国广州人》（*The Canton Chinese*），在书里提到了他发现的一个九连环。[3]

  当我们在离巴尔的摩港口不远的一个古玩店里发现了与小蒂凡尼的描述极为相似的九连环的时候，时光倒流、恍若隔世的感觉不禁油然而生。这个九连环除了环梗是铜丝做的，其他部位从圆环到长柄都是象牙，框柄上还精美地雕有裙带飘逸的仕女和童子。

皇帝才配拥有的游戏

离开巴尔的摩后，我们沿着大西洋一路北上，先后到了费城、纽约、纽黑文、普罗维登斯、布里斯托尔、新贝德福德、波士顿和塞勒姆等城市。在波士顿时，一位古董商不经意地告诉我们纽约曼哈顿上东区威廉·利普顿（William Lipton）的店里可能有我们感兴趣的东西。我们这才发现百密一疏，居然错过了利普顿的店，于是赶紧打了个电话过去。利普顿在电话那头说："有益智游戏的呀，我这儿还有一个溥仪的银柄硬玉九连环呢。"末代皇帝溥仪的九连环？我们简直不敢相信自己的耳朵。第二天天还没亮我们就上了火车，十一点钟就匆匆赶到了利普顿的铺子。看到这个精美绝伦、千载难逢的九连环，旅途的一切疲劳都烟消云散。我们二话不说地把这个宝贝买了下来，连缓过神来的时间都没有，跳上出租车在最后一刻赶上了回波士顿的火车，掐着点儿赶上了回加州的班机。

硬玉银制九连环
清
北京
长 18 厘米

上图这个九连环长柄用一根非常粗厚的银条做成，银条两端被卷成对称的螺旋后用细银丝绑定箍紧到一起。九个银环梗的两端被卷焊成了非常规整的圆圈：上圈用来套住硬玉圆环、底圈则用来托住一个优雅的、四角内凹的银底盘。用银纯度高达98%，工艺非皇家工匠莫属，无疑只有位居九五之尊的皇帝才能拥有这样的九连环。

据利普顿说，他是从香港荷李活道一个知名的古董商那里买到这个皇家九连环的。当我们找到那位古董商并问及那个九连环时，他说九连环来自上海的一位客户，她是溥仪家族的后人，同时还卖给了他一些老照片和家族传世的物品。

虽然我们不能肯定地说这个硬玉银制九连环是末代皇帝溥仪的，但是后来我们在华盛顿特区史密森（Smithsonian）博物馆下属弗利尔美术馆（Freer Gallery of Art）找到了一条很重要的线索。策展人斯蒂芬·阿利（Stephen Allee）为我们在数据库里查到一条清宫史料记载，康熙帝七皇子淳郡王的三女儿在康熙六十大寿时，也就是 1713 年，进贡了一个玉九连环："淳郡王三女进万寿玉斗、玉九连环。"[4]

资料里说的玉九连环贡品，是指由一整块玉雕成的九个相连的环，还是益智游戏九连环呢？我们无从得知。但淳郡王的三女儿当时只是个孩子，进贡玩具不是没有可能。若这件贡品真是九连环游戏，那有没有可能在宫中流传给了溥仪，如今又辗转到了我们手中呢？

几个月后，我们再次光顾利普顿的古玩店。这次我们可不像上次那样急急忙忙了，甚至还有时间与利普顿好好聊了聊。他对我们收藏益智游戏的热情印象深刻，还拿出了个白铜九连环送给张卫。白铜是铜镍锌的合金，看起来很像银。这个九连环与我们上次买的那个硬玉九连环的环柄形状如出一辙，长长的环梗，很可能也出自北京。

我仔细地端详这把九连环，发现第一个圆环最薄最细，第二个稍粗，第三个更粗，后面的圆环总比紧挨着的前面的那个圆环要粗一些，第九个圆环是最后一个也是最粗的一个。我这才恍然大悟，原来这正是九连环无数次使用后的结果。

解九连环的过程中，每一个圆环的上下次数大约是它后面圆环次数的两倍。第一至九环的移动分别是：171、85、43、21、11、5、3、1、1。如此下来第八和第九个圆环是动得最少的。在整个 341 步上下移动中，这两个环只动过一次。如果新制九连环的每个圆环的粗细是一样的，当前这些环的粗细就是九连环的解法的暗示。我拿出精密卡尺对每个圆环的厚度进行了测量，张卫还对我测出来的递增数字的精确度竖起了大拇指。

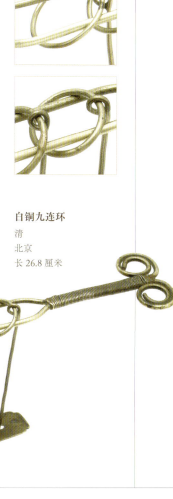

白铜九连环
清
北京
长 26.8 厘米

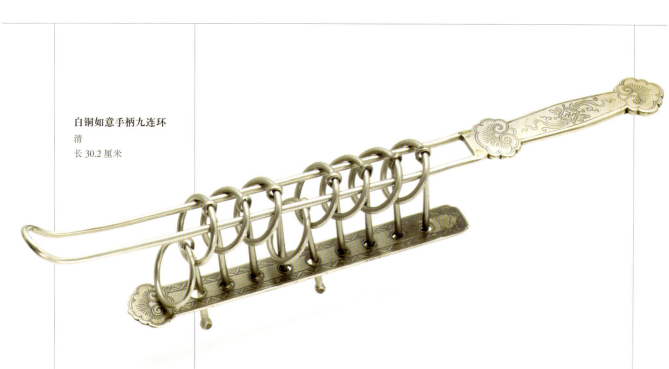

白铜如意手柄九连环
清
长 30.2 厘米

2001 年，我们在北京古玩城看到了一个制作十分精美的白铜九连环。几经周折、苦等三年后，它才被纳入我们的收藏。这个九连环的手柄和一头高高翘起的长柄焊接在一起，手柄与底板都用金属丝镶嵌了象征如意的灵芝。环梗穿过底板，顶端有小巧的类似八棱锤的饰物，用来阻挡环梗从底板脱落出来。白铜是一种较软的合金，使用最频繁的第一个环梗由于上下运动次数最多，将底板上相对应的第一个洞磨得如此之大，以至于环梗末端的饰物能够轻易穿过，都起不了阻碍作用了。

金属丝镶嵌
如意灵芝纹

第一孔

第九孔

28　趣玩 I

铜铁制九连环

我们在山西中部的太原、平遥附近发现了数量很大、不同寻常的铁制九连环。它们几乎都是清一色的黑，有的锈迹斑斑；而且普遍比其他地区的九连环要长，长度约 30 厘米。有的透着铁匠的粗犷之风，有的框柄、底板和柱子底端的饰物的设计则独具匠心。我们推断这种益智游戏在山西中部起码流行了一百多年。

大多数山西的铁制九连环的长柄是由一块铁材锻造出来的。我们最爱的九连环其中一个就是这样。九个环梗子末端的饰物，第一个是复杂的造型，到第九个简单的锥体，由繁入简，连底板的边都被精工细作地锯成了花边状。

在气候潮湿的中国南方，黄铜与红铜是制作九连环的主要材料。这些九连环与北方的相比要小一些。游戏的有些部件是利用其他物品制成，有些则是手工定制。金属丝制的九连环和其他解脱益智游戏在江苏地区尤其流行，本书关于巧环的章节将会细述。

铁制九连环
19 至 20 世纪
山西
长 29.5 厘米

黄铜带丝坠饰九连环
19 至 20 世纪
长 24.2 厘米

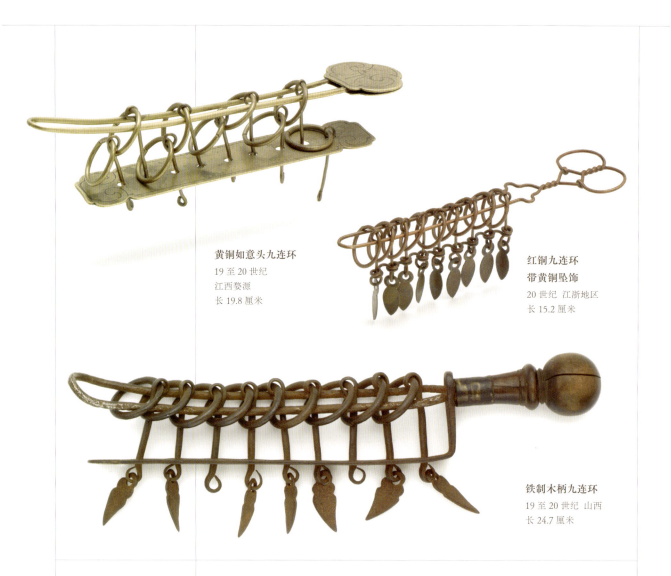

黄铜如意头九连环
19 至 20 世纪
江西婺源
长 19.8 厘米

红铜九连环
带黄铜坠饰
20 世纪 江浙地区
长 15.2 厘米

铁制木柄九连环
19 至 20 世纪 山西
长 24.7 厘米

解连环

　　解连环在中国文化中的出现可以上溯到战国时期。哲学家惠施（约公元前370—前310）著名的"历物十事"的诠释没能流传下来，但是通过其他人的著作，比如庄子（约公元前369—前286）的《庄子·天下篇》，我们可以看到惠施的十个命题之一是"连环可解也"。[5]

　　"解连环"也是词牌名，北宋词人周邦彦（1056–1121）在描述情人被抛弃的心情时，曾作词《解连环》，上片中有一句是：

　　　　怨怀无托，嗟情人断绝，信音辽邈。
　　　　信妙手、能解连环，似风散雨收，雾轻云薄。[6]

　　虽然这里提到的连环与我们今天知道的九连环无关，但也许能够为九连环至今还在中国流行提供一些线索。

西汉著名学者刘向（约公元前77—前6）依据有关战国时期史料汇编的《战国策》有一段故事，秦王嬴政，也就是后来的秦始皇，派使臣给齐国太后一副玉连环，说："齐国人都很聪明，但能解开这个玉连环吗？"太后把玉连环拿给群臣看，却没人解得开。太后拿起一把锤子把它敲碎，告知秦王的使者说："已经解开了。"原文如下：

> 秦始皇尝使使者遗君王后玉连环，曰："齐多知，而解此环不？"君王后以示群臣，群臣不知解。
>
> 君王后引椎椎破之，谢秦使，曰："谨以解矣！"[7]

明代诗人杨慎（1488—1559）对齐国太后举锤碎环的故事不以为然，他认为如果故事是真的话，那么齐国太后的那点智慧怎么敌得过强大的秦国。按照今天的连环来看，这是能工巧匠做出来的两个互贯的连环，得到要领的话就能把连环分解成两个、然后又合而为一。杨慎接着说：

> 今有此器，谓之九连环，以铜或铁为之，以代玉。闺妇孩童以为玩具。[8]

杨慎这句话是我们目前所知中国关于九连环最早的资料。

2008年，我们在故宫看到一对相连的薄白玉连环。这两个连环可错可合、出于同一块白玉。博物院的藏品名片介绍说这是一对乾隆皇帝的"白玉蚩尤环"，他的题词刻在了连环的接合处。恰如乾隆诗中描述的那样，连环"合若天衣无缝、开仍蝉翼相连"。[9]

看到故宫的蚩尤环时，我们想起了杨慎写到的玉人之巧作："两环互相贯为一、得其关捩解之为二，又合而为一。"虽然我们不能肯定杨慎所说的"玉人之巧"就是蚩尤环，但是他的描述与蚩尤环却十分吻合。

明代引文

合而为一、解之为二的白玉蚩尤环
清乾隆
直径7.6厘米
故宫博物院

九连环

文学艺术中的九连环

九连环最有名的一次出现估计是在曹雪芹（约 1715–1763）的文学巨著《红楼梦》里。此书大约成书于 1760 年前后，并于三十年后的 1791 年出版。九连环出现在书的第七回里：

> 谁知此时黛玉不在自己房中，却在宝玉房中大家解九连环顽呢。[10]

1804 年，山东济南的华广生汇编了一本俗曲集《白雪遗音》，其中也有一首名为《九连环》的情歌：

> 情人儿嗳，送我的九连环，九连九连环。
> 双双手儿解，解又解不开，解不开咿呀哟。
> 情人儿嗳，解开我的九连环，九连九连环。
> 我与他做夫妻，是我的男，男儿汉嗳咿呀哟。[11]

中央工艺美术学院（现为清华大学美术学院）的王连海教授写过许多关于中国民间游戏的书。2000 年，王教授送给张卫一张插画的照片，图中有两个穿着时尚的女子在玩九连环，另外两个女子和一个孩子围在桌旁观看，孩子还伸着手似乎也要玩。作者是经常给流行刊物作插画的 19 世纪上海知名风情画家吴友如（约 1840–1893）。

"妙绪环生"
上海闺妇玩
九连环游戏
清宣统元年（1909）
《吴友如画宝》

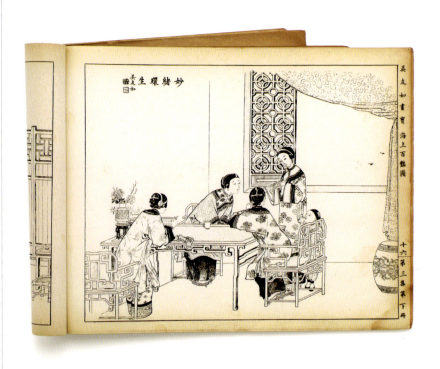

一年之后，张卫在北京东琉璃厂的海王村古籍书店找到了1909年版的全套《吴友如画宝》，其中一册就有这幅"妙绪环生"。[12] 这幅罕见的关于中国人日常生活中玩益智游戏的插图出自1892年出版的《飞影阁画册》。后来，我们得知上海市历史博物馆藏有吴友如这幅画的原作，裱糊好了的画上还钤有吴友如的印。

著名作家茅盾（1896-1981）小时候也玩过九连环。这是他自传中记录的大约发生在1908年的一段往事：

> 我和蕴玉（茅盾的表哥——引者注）到三小姐、五小姐房内，无非是谈谈东家长、西家短；有一晚，三小姐说："东家长西家短都说完了，也听厌了。今晚换个新花样罢？"蕴玉说："我们来解'九连环'如何？"三小姐听说解九连环，就摇头。虽然她是此中的好手。[13]

为了使不熟悉九连环的读者更明白，茅盾做了以下注释：

> 九连环是当时一种高级玩具，非有随机应变的巧心，不能把九个连在一条铜梗上的铜环一齐解下。解九连环是闺秀们消磨时间之一法。

九连环明信片

我们在一本名为《旧上海明信片》的书上看到了一张1909年寄出的明信片。上面画着一个带着孩子的妇人正在解九连环,画风与《吴友如画宝》类似。[14] 明信片上还有题词:

> 铜片做了九连环,坐在家中解心烦;
> 聪明之人还可学,小儿那里弄得成。

我们联系了书的作者哲夫,他是旅居香港的宁波企业家,我们询问此明信片的来历。在打开哲夫的第二封回信时,我们十分意外地发现信里夹了一张同款明信片!这一张是"Wild Flower"1912年从英国的安德克里夫(Endcliff)寄给相距不远的谢菲尔德(Sheffield)的姨妈的。哲夫在回信中表达了他对我们的惺惺相惜,并写道:"宝剑赠英雄、你们两人应拥之、特相赠。"我们真是既激动又感动。

闺妇解九连环明信片
约1904年
上海

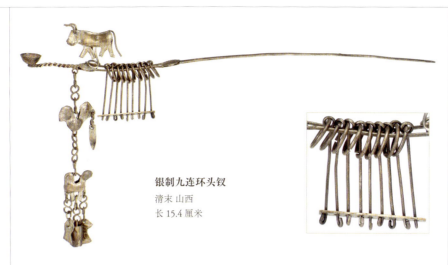

银制九连环头钗
清末 山西
长 15.4 厘米

九连环头钗

在历史的演变中，九连环还从益智游戏跨界到了艺术装饰。神通广大的古董商们在知道艺智堂的收藏范围之后居然给我们找到了一个罕见的上面有迷你九连环的清末头钗！

头钗上的九个连环被固定在框柄里面不能上下滑动，所以是不能操作的。但是戴着这小小连环的女人是不是像同时期的诗歌表达的那样，用九连环暗示着对爱情的向往呢？这个银制九连环头钗真是个从游戏脱胎成生活实用物品的好例子。

九连环花瓶

2003 年秋，西琉璃厂荣兴古玩市场内的一家店老板给我们看了张照片，上面是他收的民国大瓷瓶。题词显示为 1918 年张荣顺绘制，上面有位年轻女子正试着解连环，其他女子则饶有兴趣地围观，众人衣着时尚摩登，与吴友如的"妙绪环生"如出一辙。人们日常生活中玩九连环的风俗画已是稀罕，更何况是画在瓷瓶上的！我们正想问价，岂料人家根本无意出售。

第二年春天，我们又去找他，希望他能改变心意。他这才告诉我们他自己也是个收藏家，而且还专门收藏 20 世纪初与中国女子服饰有关的瓷瓶，所以他真不想卖。好在他把瓷瓶带来了，还让我们拍了照片，并安慰我们，若是哪天他决定卖了，一定最先通知我们。

接下来的十五年里，荣兴市场扩建，这个古玩商辗转搬到了北京东南的潘家园，又从潘家园搬到了海王村，我们每年春秋两季回国，不管我们几顾茅庐、打几次电话，他都毫不动摇、婉言谢绝我们购买的意愿。收藏家的通病都是难以割舍自己多年积攒而来的宝贝，即便是以买卖古董为生的生意人也不例外。这个闺妇解九连环瓷瓶是否会成为艺智堂的收藏呢？看缘分吧！

九连环瓷器花瓶
张荣顺绘制
民国七年（1918）
江西景德镇
高 43 厘米
私人收藏

九连环

未解之谜

我们有一个关于九连环的故事，第一次讲给大家。故事的主人公之一是一位对世界各地游戏都很感兴趣的美国人类学家史都华·库林（Stewart Culin，1858–1929）。在宾夕法尼亚大学期间，库林撰写了一本有关韩国、中国和日本游戏的书，于1895年出版。库林在书中介绍了九连环，并称其为"kau tsz' lin wán"，即粤语"九子连环"的拉丁转写。[15] 离开宾夕法尼亚大学后，库林成为布鲁克林博物馆（Brooklyn Museum）民族学部门的策展人，并从1903年一直工作到1929年去世。

故事中的另一个人物是德国学者夏德（Friedrich Hirth，1845–1927）。他获得古典语言学博士学位后来到中国，从1870到1897年就职于清政府海关总税务司署。[16] 在中国期间，夏德熟练掌握了中文，研究并撰写了许多有关中国民众、地理、物产、历史、艺术的文章和书籍。1893年，在镇江口岸工作期间，夏德经常去附近的文化名城扬州，收集了六百多幅中国画。夏德从海关总税务司退休后回到德国，1902年被纽约哥伦比亚大学校长尼古拉斯·默里·巴特勒（Nicholas Murray Butler，1862–1947）任命为新成立的中文系系主任。[17] 夏德在哥伦比亚大学工作到1917年退休。

1998年，我们花了好几天的时间在布鲁克林博物馆的史都华·库林档案馆阅览资料。翻阅了数百个文档后，一张小卡片让我们眼前一亮。卡片上没有注明日期，但是印有夏德的大名，及1909至1917年间他在哥伦比亚大学附近的住址。这是我们找到的第一条线索：

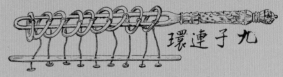

FIG. 52.—KAU TSZ' LIN WÁN. CANTON, CHINA.
MUSEUM OF ARCH., UNIV. OF PENNSYLVANIA. NO. 7,626.

"九子连环"
1895年 史都华·库林著
《韩国游戏以及相关的中日游戏》

夏德就职于
大清皇家海关
总税务司期间
1876年

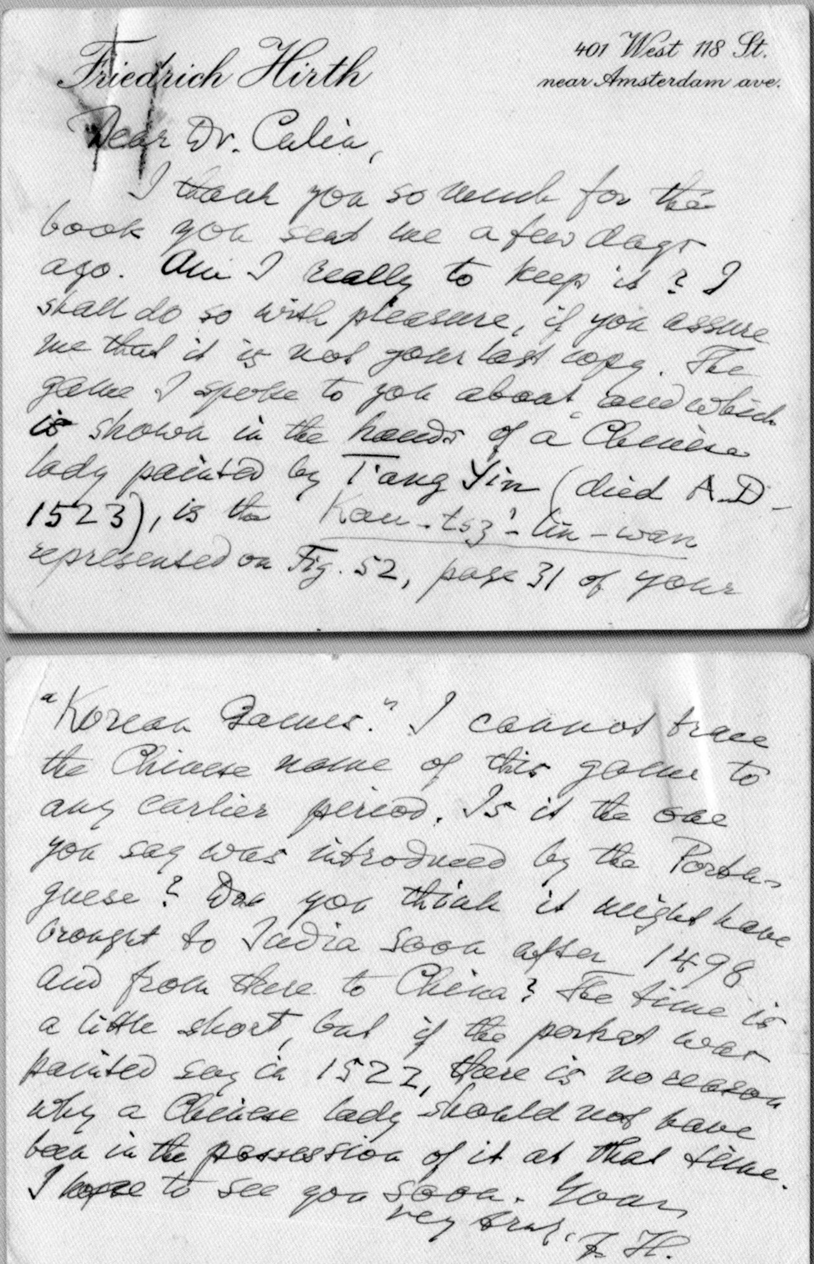

夏德寄给库林的卡片
1909 至 1917 年之间
布鲁克林博物馆档案

亲爱的库林博士,

　　非常感谢你几天前寄给我的那本书。我真的可以保留它吗?如果你向我保证这不是你的最后一本,那么我会很乐意留下它。我和你谈过的那个游戏,在唐寅(公元1523年去世)画的一位中国仕女的手中出现过,就是你的《韩国游戏》第31页图52所示的九子连环。……我希望很快能见到你。你真诚的,F. H.(夏德)[18]

难道大名鼎鼎的明代苏州大画家唐寅（1470–1523）还画过一幅有九连环的画？唐寅画仕女出名，所以这种联想似乎合情合理。若真如此，九连环在中国的历史将会追溯到16世纪初。但如果唐寅的这幅画就是夏德拥有的六百多幅中国画其中的一幅，为什么他的语气是"在唐寅画的一位中国仕女的手中出现过"而不是直接宣称"我有一幅唐寅画的中国仕女持九连环图"？我们隐隐感觉夏德所说的这幅画一定是属于他人的藏品。

为了解开这个谜，我们研究了唐寅的绘画，并请教了艺术史专家。但是从来没有人听说过有这样一幅画。不久我们又找到了第二条线索——《纽约时报》上的一篇文章。文章讲述了1927年7月，也就是夏德在慕尼黑去世六个月后，库林所做的演讲。演讲中库林讨论到了九连环：

> 哥伦比亚大学已故的夏德教授收藏了一幅18世纪的中国仕女持九连环的画。[19]

看来，夏德真的拥有过一幅仕女持九连环的画。但是库林说这幅画是18世纪的，而唐寅的绘画创作时期是16世纪初。现在我们比以前更加困惑了，我们想"18世纪"可能是报纸的印刷错误。但我们后来找到了一份打字机打印的库林演讲稿副本，上面提到绘画时也说的是18世纪的作品。那么怎样才能解释夏德和库林相互矛盾的描述呢？

从2002年开始，我们多次去纽约和德国，希望找到夏德的藏画。2004年，在德累斯顿民族学博物馆（Museum für Völkerkunde）退休策展人胡伯坚（Herbert Bräutigam，1927–2020）的帮助下，我们发现了第三条线索——民族学博物馆1897年的一个展览目录。这个题为《夏德教授的中国纸本及绢本绘画收藏》的展览是德国有史以来举办的第一次中国画展，目录按画家归类，著录了九十三幅作品。唐寅名下的绘画排列在第二十二至二十六幅。以下是对第二十五幅绘画的描述：

> 仕女图。余集（1743–1823），号秋室，复制，时间1807年。[20]

原来如此！这个线索不仅解决了夏德和库林描述中的矛盾，而且显示夏德确信世存两幅仕女持九连环的画——之一为唐寅大师原创，另外一幅是晚期画家余集仿唐寅的美人画。[21]

但是，余集为什么在自己的画上注明是仿唐寅？[22] 我们请教伯克利的加州大学艺术史教授兼收藏家高居翰教授（James Cahill，1926–2014），他1999年1月给我们回信说："将这幅画说成是唐寅之作，又说它作于18世纪，其

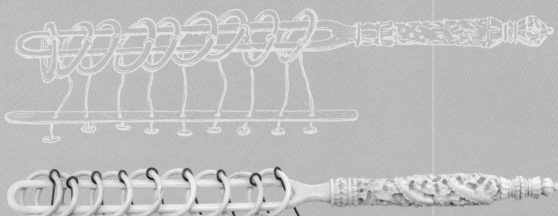

与"九子连环"插图
几乎一模一样的
外销象牙九连环
19世纪
广州
长 25.7 厘米

实并不矛盾。许多这类 18 世纪的绘画被冠名为早期名家所作,乃是为了提升其在收藏家中或市场上的价值。我怀疑这种做法纯粹是传统习惯,任何懂画的人都不会相信的。"

那么,唐寅是否真的画过仕女持九连环的画呢?这实在是太难确定了。但我们能够确定的是,夏德有一幅中国仕女持九连环的画——也许是余集借唐寅之名画的,甚至可能是某个自称是余集的画家画的。

在纽约期间,夏德习惯每年夏天回到德国慕尼黑探亲。他于 1917 年从哥伦比亚大学退休,但之后三年由于第一次世界大战德国与各国之间的敌对状态,他无法安全地穿越大西洋。直到后来,夏德搭乘美国航线的"蒙古"号轮船,终于在 1920 年 8 月 25 日抵达德国汉堡。第二年,夏德用第三人称描述了自己痛苦的经历:

> 在汉堡过境期间,他的五个大箱子从仓库里被盗贼偷走。对他来说,且不说这些物品的经济损失,失窃本身就足以使他精神崩溃。那些被盗物品包括他为已绝版的著作《中国与罗马东方》(China and the Roman Orient)准备的再版资料;他所有的汉学藏品及中文翻译;他所有的银行文件、奖牌、文凭和几十年收集来的各种文件资料。若是他乘坐的轮船被鱼雷击沉,损失也比不上失窃那么严重。23

夏德在汉堡遗失的物品中包括他收藏的中国画吗?被盗物品中好像并没有特别提到,此外他的一些绘画收藏确实正在慕尼黑保存着。余集的那幅画现在到底在哪里呢?我们不禁感叹这可真是个百年之谜啊!

九连环的解法

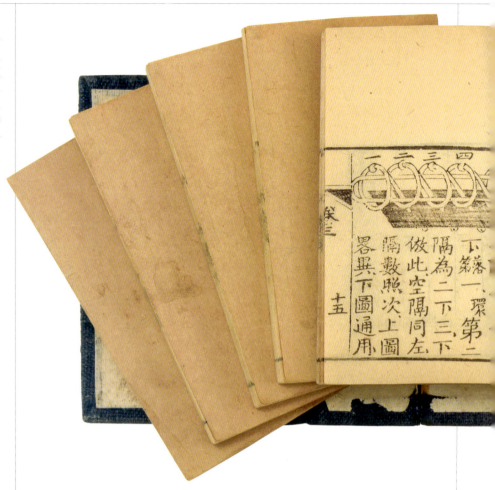

"解连环法"
清道光元年（1821）
贮香主人著《小慧集》

我们最喜欢的宝贝之一是一套原函套里包着的袖珍书《小慧集》，是我们 2003 年在东琉璃厂古玩街的一个店里发现的。六册小书中密密麻麻画满了各种各样的给清代闺妇们玩的游戏消遣，有骨牌、七巧、绳艺、书法和诗曲等。张卫翻了翻，含有九连环插图的一册立刻引起了她的注意。打开其中两页，平摊开来写满了"上"和"下"字，明显是九连环的解法。张卫不动声色地将书合起装进函套，赶紧买了下来。

《小慧集》的作者自称贮香主人、前言写于 1821 年。书中的"解连环法"是我们已知中国最早的九连环及其解法的版刻绘本。[24] 书中的九连环的每个环都从"一"到"九"依次注出、离卷曲的手柄最远的环是第一环。作者依照解九连环时重复循环的规律，将解法用简明易懂的两个图表的形式表现了出来。第一个表格只使用一次、第二个表格要反复使用，一共要用六次。

表格中从上到下、从右至左的每一格代表了游戏解法的逐个步骤。空白的格子则表示重复最右边表格内容的动作。作者还在解法的第一页上方提示

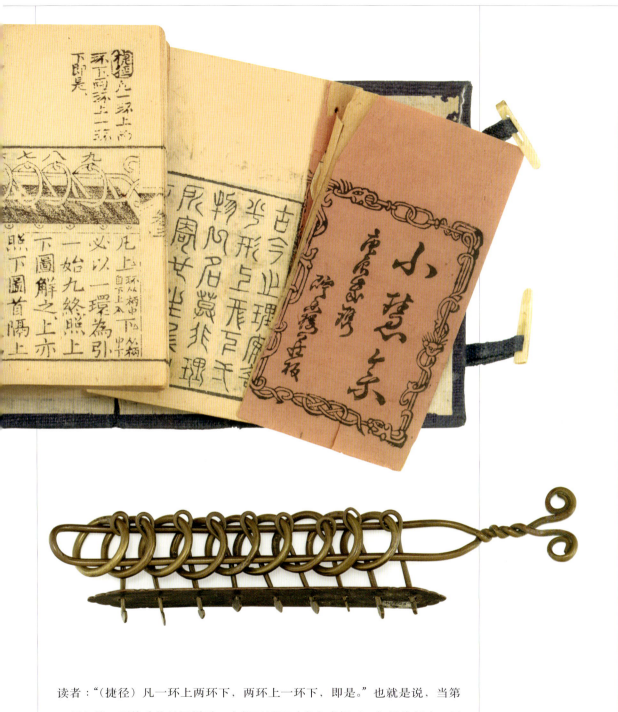

读者:"(捷径)凡一环上两环下,两环上一环下,即是。"也就是说,当第一环和第二环的动作是同样时,它们可以同时套上或解下。如果将每次一环和二环的同步动作算作一步的话,解九连环需要 256 步,若分开算作两步,则需 341 步。

贮香主人将解九连环所有的步骤总结成这样两个一目了然的表格,实在是令人赞叹、佩服![25]

九连环

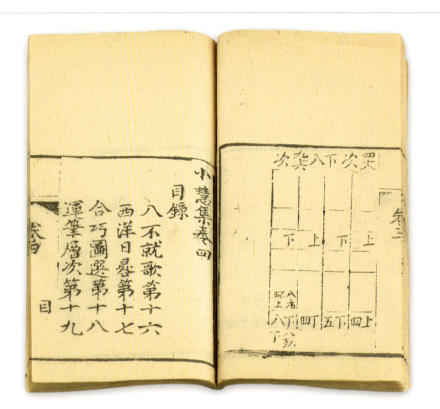
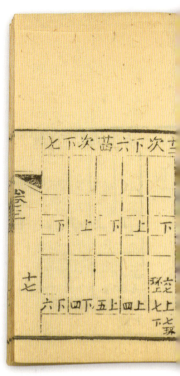

贮香主人书中显示具体步骤的表格一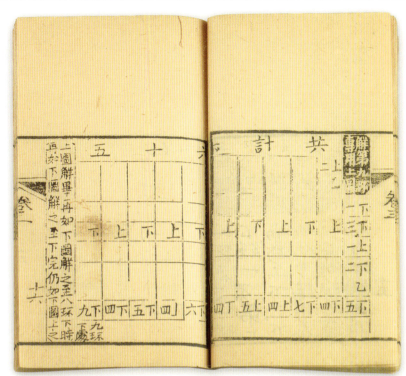

贮香主人书中显示具体步骤的表格二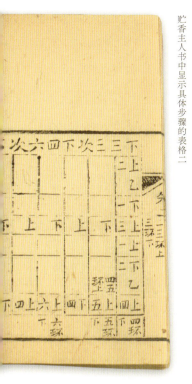

一 二 三 四 五 六 七 八 九

九连环上的连环顺序

自上而下，从第一个表格最右端往左：

第九环被解下

到第二个表格的最右端

第八环被解下

九连环　　45

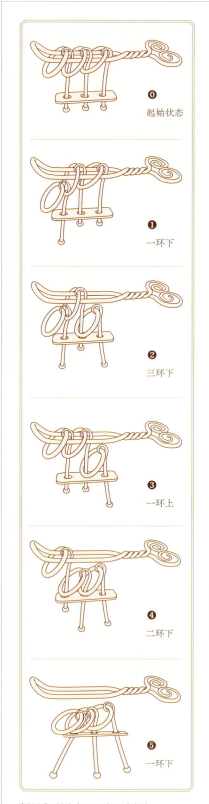

解环步骤图（以三连环为例）

0 起始状态
1 一环下
2 三环下
3 一环上
4 二环下
5 一环下

贮香主人表格上显示的步骤的基本顺序是：1、2、1、3、1、2、1、4、1、2、1、3、1、2、1、x，其中"x"代表从所在的一行变为下一行的变化。我在琢磨解九连环时也发现了这个解环规律，并总结出一个解环的英文口诀：

One two one three, one two one four,
One two one three, one two one *more*.

一边默念口诀一边解环，手指因为机械地重复会形成习惯动作，不一会儿甚至连口诀都不需要了。

如果九连环仍无法解开，大家无须气馁，以下有更详细说明。首先让我们回顾一下解九连环的两个规则：

规则一：第一环在任何时候都可以从长柄上取下或套上去。

规则二：解环过程中，任何一个套在长柄上最靠前的那个环为领头环，紧跟在它后面的那个环是唯一可以套上长柄或从长柄上取下的环。

如果所有的圆环都在长柄上，那么第一步可以有两个选择。（根据规则一，取下第一环；或者根据规则二，取下第二环。）但无论用哪种方法，走完第一步之后，我们只需交替使用这两个规则，就可以避免走回头路。

当连环游戏的环数是奇数时，第一步必须是将第一环取下（规则一）。而若连环游戏的环数是偶数，第一步则是需将第二环取下（规则二）。取环时，将圆环从长柄中间坠下。上环时，则须将圆环由下而上穿过长柄中央，提起后经由长柄末端滑上。

让我们现在用这两条规则来解三连环。因为总环数是三，是奇数，我们用第一条规则开始解：

1. 规则一，取下第一环，这时第二环变成领头环。
2. 规则二，取下第三环，第三环是紧随领头环后的环。
3. 规则一，套上第一环，这时第一环变成领头环。
4. 规则二，取下第二环，第二环是紧随领头环后的环。

5. 规则一，取下第一环，所有环都被解下。

现在如何解开九连环已不是秘密，大家不妨亲自试试。九连环的总环数是奇数，所以第一步必须将第一环取下。然后交替使用规则二和规则一。注意不要将方向弄反，不然会走回头路！祝君好运！

连环游戏的起源：东方还是西方？

已知西方最早关于连环益智游戏的描述来自于列奥纳多·达·芬奇（1452–1519）的一个朋友，意大利数学家卢卡·帕乔利（Luca Pacioli，约1445–1517）。[26] 在他写于 1496 至 1509 年的未刊手稿《数字的力量》（*De veribus quantitatis*）中，帕乔利针对这个游戏写道："你想有多少个环就有多少个环。"并且他附上了一个将七个环套到环柄上的反复使用的解法。另一位著名的意大利数学家、科学家及占星家吉罗拉莫·卡尔达诺（Girolamo Cardano，1501–1576）在 1550 年的著作《事物之精妙》（*De Subtilitate*）中写到了七连环。[27] 卡尔达诺为读者提供了将前面四个环套入环柄的步骤，然后列出三条规则，帮助读者完成接下来的步骤。他提醒读者："把第一环套上后马上就得将第一、二环同时解下；解下第一环时要先将第一、二环先同时套上。"[28] 后来人们因为不知道有帕乔利的研究，所以将这个游戏命名为卡尔达诺环（Cardano's Rings）。[29]

已知记载最早的有九个环的连环游戏插图，见于英国数学家约翰·沃利斯（John Wallis，1616–1703）1693 年出版的代数书中。[30] 西班牙蚀刻师巴勃罗·敏格特（Pablo Minguet）在他 1733 年出版的魔术书中绘有一个七连环插图，他将这个游戏称为戈迪安结的游戏（Juego del Nudo Gordiano）。[31] 1769 年，德国物理学家格奥尔格·克里斯托夫·利希滕贝格（Georg Christoph Lichtenberg，1742–1799）为一个"环环相贯"的游戏做了数学分析。这个游戏在德国被称为纽伦堡玩意（Nürnberger Tand），因为纽伦堡在历史上是玩具之都。[32] 利希滕贝格找出根据环数计算解环步数的方法，并提供了解开九环、二十环、三十环及五十环所需的时间。[33] 一直到 18 世纪中，连环游戏的长形的环柄都没有手柄。1786 年，柏林出版的一本有关"自然魔法"的书里附有插图，是已知最早的绘有带手柄九连环的插图。插图里有三个九连环，手柄都各不相同。[34]

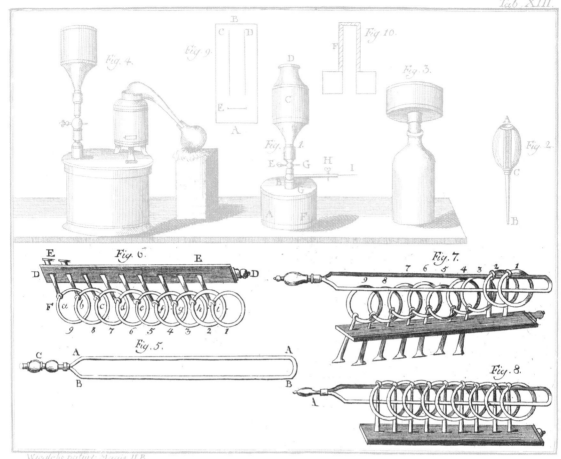

已知最早的带手柄九连环绘图
1786 年
约翰·尼古拉斯·马蒂乌斯著《自然魔法课》

1828 年英国出版的《男孩子自己的书》(The Boy's Own Book)中的一个十连环游戏形象地被称为"累人的铁器"(The Tiring Irons)。[35] 那个时期连环游戏在美国也很流行。1844 年曾在中国广州旅游的小奥斯蒙德·蒂凡尼在他的日记中写道,连环游戏在美国已被"广泛使用"。[36] 从 19 世纪中期开始至今,这个游戏常被称为"中国环"(Chinese Rings),或许因为这些象牙九连环是西方商人们从广州带回来的缘故(见本书第 280 页)。[37] 法国法官路易·葛罗(Louis Gros)在 1872 年出版的小册子《耗时游戏的理论》(Théorie du Baguenodier)中论证了连环游戏与二进位制之间明确的联系。[38] 因此斯坦福大学的电子计算机教授高德纳(Donald E. Knuth)称路易·葛罗为"二进制格雷码(Gray binary code)的真正发明者"。[39] 二进制格雷码在电子通信中用于避免信号传送错误。

1895 年,本章前面提到的美国人类学家史都华·库林出版了一本关于韩国、日本和中国游戏的书。库林从来没有去过东亚,因此他所得到的信息都是来自住在美国的东亚人。在书中他是这样介绍九连环游戏的：

> 我从一个韩国人那里得到的信息是，根据中国的传说，中国的著名英雄孔明（181-234）发明了这个游戏（九连环）。孔明出征前将这个游戏给了他的夫人，她在玩游戏时会暂时忘却别离之苦。[40]

尽管库林的故事被后来的许多作家当作历史事实反复引用，但并没有任何历史资料证明三国时期的诸葛亮发明了这个游戏。

如前所述，我们所知中国最早的有关九连环游戏的史料来自于明代诗人杨慎对战国时期故事的评论，清代作家曹雪芹在他的文学巨著《红楼梦》中也提到了九连环游戏，但这些都没有贮香主人在1821年的《小慧集》中对这个游戏描述的那般完整。《小慧集》顾名思义，是多种智慧游戏活动的汇编，其中对九连环的描述和解法尤其完善，因此我们认为它很有可能来自中国更早的资料。至于这些资料是否仍待发现还是已经遗失，只有时间才能告诉我们了。

在日本，连环游戏可以追溯到江户时代（1603-1867）中期，跟曹雪芹小说的时代基本吻合。1755年，数学家会田安明（1747-1817）还是个孩子，他的父亲给他演示了解连环的前几步，并鼓励他继续解完。会田安明无法入睡，一个晚上都在解环，直到第二天早晨解环成功。[41]这个经历使他着迷数学，后来成为数学家。

日本九州西南久留米藩的藩主有马赖僮（1714-1783）也是一位著名的数学家。他在1769年出版了《拾玑算法》，在书中提问并解释了九连环游戏需要多少个套上、解下的步骤。首先，有马赖僮算出了解法需要175个解下的步骤。接下来，他注意到因为起始状态时所有九个环都套在环柄里，而在结束状态时所有九个环又都从环柄上解了下来，因此每个环的解下要比套上多一个步骤。因此套上的步骤一定会是175减去9，也就是166步。奇怪的是，有马赖僮并没有进一步总结解九连环一共需要175+166=341步。[42]

在16至19世纪，西方出版物中提到或描绘五、六、七、八、九、十、十一甚至十三连环，现在人们还能买到不同连环的游戏。虽然西方解环游戏上的圆环数量各不相同，但中国的这个游戏却只有九连环一种。是因为数字"九"在中国文化中有特别的象征意义，还是滑动九个圆环既需要坚持不懈又不至于费时太久而变得冗长乏味呢？不管如何，九连环已在中国文化中深深扎根并不断地体现在文学、诗歌和戏曲中。

对这个游戏做出最大贡献的是中国工匠，是他们将普通的玩具变成了艺

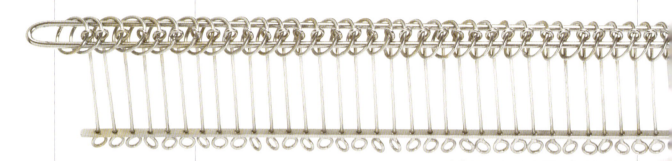

术品。他们使用铜、铁、银、玉石、象牙、骨头和木头等材料，做出了无数优雅、带有传统寓意的设计。正因为如此，九连环当之无愧地成为独一无二的中国游戏。

慕尼黑的路德维希-马克西米利安大学数学教授安德列斯·欣茨（Andreas Hinz）多年来一直研究连环游戏的历史。他与一位合作的同事写道：

> 中国文史资料中缺乏在帕乔利和卡尔达诺之前对连环游戏的描述，然而近代人们却将连环游戏冠以"中国环"这个名称，所以我们对连环游戏可能起源于中国的说法持谨慎态度。虽然确定该游戏的单一起源地十分困难，但是它很可能只被发明过一次。游戏的圆环、环梗及底板等部件组合相对复杂，分别由来自不同文化的几个人同时发明的可能性变得很小。[43]

那么九连环游戏究竟起源于哪里？我们只能说这个问题的解答尚需时日，需要今后有更多的研究来佐证。

所有的益智游戏中，九连环是我们的最爱，张卫在孩提时代就爱上了这个游戏。十一岁那年她在新疆石河子，看到一些大孩子在玩五个连环的游戏，就在一旁仔细地看熟之后飞快地跑回家，她找了些铁丝、窗帘扣环和罐头皮自己钳了一个五连环出来不说，还居然解开了它！而对于我来说，喜欢九连环，是因为它属于少数几个我手感比较强、比较有灵感的游戏之一。

我们在伯克利的家中有一个一端有蝴蝶手柄的六十四连环，是我们北加

州的朋友里克·厄比（Rick Irby）用坚实的镀铬钢为我们制作的。张卫算了算，如果我们以一秒移动一个圆环的速度来解这个六十四连环，那我们每天不停歇地轮班工作，也需要将近 3900 亿年才能解开它。[44] 看来只有长生不老的人才有时间去解这个游戏了！

镀铬钢六十四连环
里克·厄比制
1998 年
美国加州
长 94.3 厘米

小时候在中国玩过九连环的人都对这个游戏怀有浓浓的乡情。我们在美国办益智游戏展时，许多年长的中国观众会拿着互动台上的九连环，感叹他们小时候都曾玩过这个游戏，可是现在都忘了怎么玩了。但摆弄一会儿后，他们又突然能"回忆起"怎样解环。原来这么多年来，解九连环的步骤其实并未被遗忘，而是潜藏在记忆深处，直到某天被触动。

现在年轻人中也有许多迷恋益智游戏，尤其是魔方和其他衍生出来的变体，更有人开始重新回归到包括九连环在内的传统动手益智游戏。2010 年 11 月，我们在纽约美国华人博物馆办了一个关于中国古典益智游戏的展览。其中一位年轻志愿者瑞安·王（Ryan Wong）告诉了我们在地铁上的有趣一幕：

> 每天在纽约地铁上解九连环成了我通勤途中的消遣。地铁里嘈杂拥挤，我却能集中精神置之度外。有一天我正在解九连环，无意中眼角看到有无数双眼睛盯着我。这些乘客大概从未见过九连环，对我手中复杂又奇怪、叮当作响的玩意儿感到好奇。随着我手指飞快地把圆环滑上滑下，他们能感觉到我正在朝我脑子里的目标迈进。就在我要到站下车的一刹那，我终于把最后一个圆环解了出来。我听到有人大大松了一口气，还有几个人给我鼓起了掌。

注 释

1. 更精确地说，游戏的目的是将长柄从带有九个圆环、九个环梗和底板的环体架上解脱出来。

2. "Chronicle," *Niles' National Register* (Baltimore), May 25, 1844.

3. Osmond Tiffany Jr., *The Canton Chinese, or the American's Sojourn in the Celestial Empire* (Boston: James Monroe, 1849), p. 93.

4. 〔清〕王掞：《万寿盛典初集》，《文渊阁四库全书·史部》第653册，卷54，第21页。《万寿盛典初集》是1713年庆祝康熙六十大寿的图书，共有120卷。书中卷54的第16至22页记录了康熙的第七子淳郡王及家人进献给康熙的寿礼，其中有他第三个女儿进给康熙的玉九连环。

5. 刘文典：《庄子补正》，北京：中华书局，2015年，第893页。惠施是战国时期的名家，也是庄子的好友和辩论对手。

6. 〔北宋〕周邦彦：《解连环》，徐声越编注：《唐诗宋词选》，台北：正中书局，1991年，第453页。

7. 〔汉〕刘向集录：《战国策》，上海：上海古籍出版社，1985年，第472—473页。宋代文人鲍彪曾在《战国策》原文的"玉连环"几个字下写了批注"两环相贯"。

8. 〔明〕杨慎：《升庵集》，《文渊阁四库全书·集部》第1270册，卷68，第21—22页。

9. 蚩尤是中国神话传说中的部落将领。据传蚩尤部败于黄帝后，黄帝令人制作了一只外围刻有蚩尤首的臂环用以辟邪。元代画家及诗人朱德润（1294-1365）在《古玉图》中绘有一只刻着蚩尤首的玉环，被称为"珊玉蚩尤环"。这只玉环是一块整玉，而非乾隆蚩尤环那样由两个相连的玉环合并而成。类似乾隆蚩尤环的两环相连的玉环起始年代不详。

10. 〔清〕曹雪芹：《红楼梦》，北京：外文出版社，2003年，第7回，第200页。

11. 华广生：《白雪遗音》卷一，北京：中华书局，1959年，第32页。

12. 〔清〕吴友如："妙绪环生"，《飞影阁画册》，1892年11月第82期；吴友如：《吴友如画宝》卷3-2，上海：中国图书公司，1909年，第16b页。

13. 茅盾：《茅盾全集》，第34卷，北京：人民文学出版社，1997年，第64页。

14. 哲夫：《旧上海明信片》，上海：学林出版社，1999年，第143页。

15. Stewart Culin, *Korean Games with Notes on the Corresponding Games of China and Japan* (Philadelphia: University of Pennsylvania, 1895), p. 31.

16. 在清政府1842年与英国签署《南京条约》之前，广州是中国对外通商的唯一口岸。《南京条约》开放了更多的口岸，1859年清政府设立了海关总税务司署，以总税务司为主管官员，在这些口岸办理关税征收。总税务司署大部分的高层管理人员是外籍人员。作为高管成员之一，夏德曾在广州、厦门、上海、九龙、淡水、镇江、宜昌、重庆等港口就职。

17. 无巧不成书的是，在1902年任命夏德为中文系主任的尼古拉斯·默里·巴特勒，正是三十六年后破例招收我母亲进入哥伦比亚大学就读的那位校长。当时我的母亲才十八岁，刚刚逃离纳粹德国。在美国举目无亲、几乎不会英文的母亲决心要接受高等教育，未经介绍径自到大学校长办公室毛遂自荐。坐等一天后校长动了恻隐之心，请她进来陈述缘由。母亲非比寻常的经历与砥砺奋进的执着最终感动了校长，破例让连高中都没有上完的母亲入学。母亲最终成为一名教育家。母亲与九连环穿越时空的联系，以及父亲带给我与张卫的姻缘，让我觉得这二十年的收藏研究中国传统益智游戏恐怕在我出生之前就已注定了！

18. Friedrich Hirth to Stewart Culin [between 1909 and 1917], General correspondence [1.2.018] 1893–1921, Culin Archival Collection, Brooklyn Museum Archives.

19. "Origin and History of Some Puzzles," *New York Times*, July 13, 1927.

20. *Chinesische Malereien auf Papier und Seide aus der Sammlung des Herrn Professor F. Hirth* (Dresden: Sonderausstellung im Königlichen Zoologischen und Anthropologisch-Ethnographischen Museum zu Dresden, 1897), p. 12.

21. 虽然余集出生在18世纪，但是库林说余集的这幅画作于18世纪是错误的。据记载应是1807年。

22. 余集在另一幅画中也用了唐寅的名字。在他的《花园仕女图》中题有"嘉庆癸酉（1813）月……仿唐子畏笔意"，并有余集的落款及两个印章。*Fine Chinese Classical Paintings and Calligraphy*, 26 May 2009, Hong Kong (Hong Kong: Christie's, 2009), p. 74.

23. Friedrich Hirth, "Biographisches nach eigenen Aufzeichnungen," in *Hirth Anniversary Volume* (London: Probsthain & Co., [1922]), p. xxxxviii.

24. 〔清〕贮香主人：《小慧集》卷三，《解连环法》，贮香楼，约1821年，第14a—17b页。

25. 实际上，当只有第九环套在环柄上时，这个游戏在完全未解状态。解环需要511步。但是，九连环常见的状况是所有环都套在环柄上。这时，这个游戏已解了三分之一，因此只需 341 步。有关贮香主人九连环的解法分析，参见 Andreas M. Hinz, Sandi Klavžar, and Ciril Petr, *The Tower of Hanoi—Myths and Maths* (Cham, Switzerland: Birkhäuser, 2018), pp. 57–59, 75–76。

26　Luca Pacioli, *De veribus quantitatis*, manuscript, ca. 1496-1509, chap 107, MS codex 250, Biblioteca Universitaria di Bologna, Italy.

27　Girolamo Cardano, *De Subtilitate* (Norimbergæ [Nuremberg]: Petreium, 1550), chap. 15, pp. 294–295.

28　Albrecht Heeffer and Andreas M. Hinz, "'A Difficult Case': Pacioli and Cardano on the Chinese Rings," *Recreational Mathematics Magazine* 4, no. 8 (December 2017), pp. 5–23.

29　帕乔利、卡尔达诺以及贮香主人在解连环中运用的重复步骤是递归思维方法。在数学中，递归可以大致描述如下：如果问题的既定实例可以直接解决就直接解决，如果复杂就将它简化为一个或一系列简单实例的重复。在解连环中可以直接解决的，是将第一环解下（或套上）。如果要将两个或两个以上环解下（或套上），可以将解环方案简化为同一问题的简单实例：要解下 n 个环，首先要解下 $n-2$ 个环，接下来解下第 n 个环，然后套上 $n-2$ 个环，最后解下 $n-1$ 个环。（要套入 n 个连环，只需做相反的动作：套上 $n-1$ 个环，解下 $n-2$ 个环，套上第 n 个环，套上 $n-2$ 个环。）通过这些步骤，我们可以算出解下（或套上）n 个连环所需的最少移动次数 M。当然 M(0)=0、M(1)=1。当 $n>2$ 时，M(n)=2M($n-2$)+M($n-1$)+1。由此我们可以验证，解九个连环需要 341 步。

30　John Wallis, *De Algebra Tractatus* (Oxoniae [Oxford]: E Theatro Sheldoniano, 1693), chap. 111.

31　Pablo Minguet e Yrol, *Engaños a ojos vistas, y diversion de trabajos mundanos, fundada en licitos juegos de manos* (Madrid: D. Pedro Joseph Alonsoy Padilla, 1733), p. 55.

32　G.C.L. [Georg Christoph Lichtenberg], "Über das Spiel mit den künstlich verflochtenen Ringen, welches gewöhnlich Nürnberger Tand genannt wird," *Göttingische Anzeigen von gemeinnützigen Sachen* 1 (1769), pp. 637–640.

33　Andreas M. Hinz, "The Lichtenberg Sequence," *The Fibonacci Quarterly* 55, no. 1 (2017), pp. 2–12.

34　Johann Christian Wiegleb, *Johann Nikolaus Martius Unterricht in der natürlichen Magie, oder zu allerhand belustigenden und nützlichen Kunststücken* (Berlin: Friedrich Nicolai, 1786), 2:223–231, pl. 13.

35　[William Clarke], *The Boy's Own Book: A Complete Encyclopedia of All the Diversions, Athletic, Scientific, and Recreative, of Boyhood and Youth* (London: Vizetelly, Branston and Co., 1828), pp. 419–422.

36　Osmond Tiffany Jr., *The Canton Chinese*, p. 93.

37　[Mary Ann Pellew Smith], *Six Years' Travels in Russia*, vol. 2 (London: Hurst and Blackett, 1859), p. 183; W.J.C. Miller, editor, *Mathematical Questions with their Solutions, from the "Educational Times,"* vol. 18 (London: C.F. Hodgson & Sons, 1873), p. 31. Louis Gros, *Théorie du Baguenodier* (Lyon: Aimé Vingtrinier, 1872).

38　Louis Gros, *Théorie du Baguenodier* (Lyon: Aimé Vingtrinier, 1872).

39　Donald Knuth, *The Art of Computer Programming*, vol. 4A, Combinatorial Algorithms, Part 1 (Upper Saddle River, NJ: Addison-Wesley, 2011), p. 285. 格雷码以美国物理学家弗兰克·格雷（Frank Gray, 1887–1969）的名字命名。格雷码的数列中任意两个相邻数的代码中只有一个位元改变。如果将连环游戏用二进位数列表达，1 就代表连环在环柄上，0 代表连环不在环柄上。那么将三个套在环柄上的环解下来的步骤就可以用二进位格雷码数列：111、011、010、110、100、000 来表达。从数列中我们可以看到相邻的两个代码中只有一个位元有变化。

40　Stewart Culin, *Korean Games*, p. 31.

41　[日] 会田安明：《自在物谈》，约 1807 年。

42　[日] 有马赖僮：《拾玑算法》，江户：千钟堂，1769 年，卷 2，第 20b–21a 页。

43　Albrecht Heeffer and Andreas M. Hinz, "'A Difficult Case': Pacioli and Cardano on the Chinese Rings," p. 9.

44　当所有环都在环柄上时，这个游戏已解了 1/3。如果一个连环游戏有 n 个圆环，当 n 是奇数时，那么移动所有圆环步骤的总数是 $(2^{n+1}-1)/3$，如果 n 是偶数，则是 $(2^{n+1}-2)/3$。依此类推，移动九连环的次数是 $(2^{9+1}-1)/3=341$ 步。大家可以试试用第二个公式来推算解开我们的偶数六十四连环一共需要多少步。

巧环

Ingenious

Rings

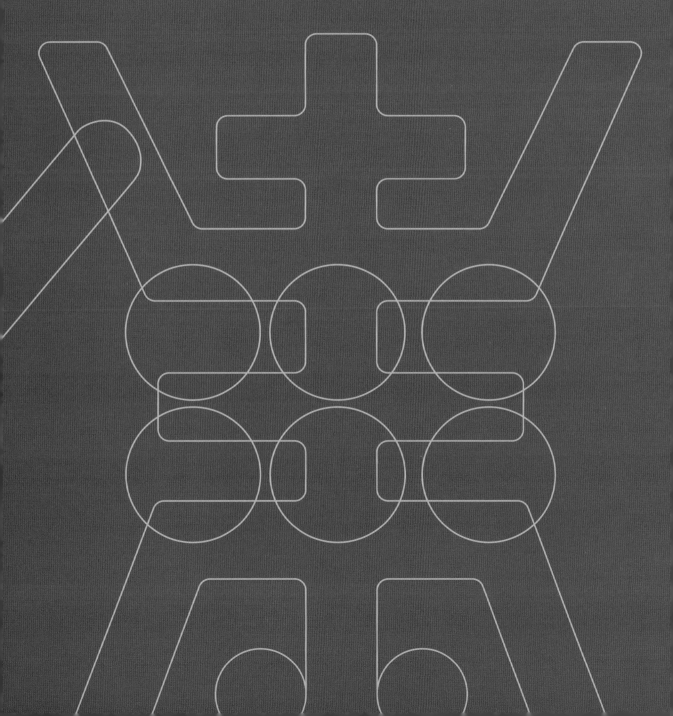

信妙手、能解连环,
似风散雨收,雾轻云薄。[1]

——周邦彦（1056-1121）

巧环

1981年，美国著名益智游戏收藏家杰瑞·斯洛克姆在美国国会图书馆发现了一本小册子。虽然这本小册子是中文写的，但是里面有许多插图。斯洛克姆很快意识到这些插图都是金属丝制解脱类游戏的设计。1994年，斯洛克姆给了我们几页小册子的复印件。这本题为《巧环》的书是1958年由上海文化出版社出版的，[2] 作者是俞崇恩（1926–2015）。书里介绍了巧环的制作和原理，以及24种巧环的图形及其解法。

解开这类游戏通常要将两个或两个以上看起来无法分离的部件从整体中解脱出来。一般是要把一个带有把手的扁长金属框柄从环架的主体部分解脱出来，或将一个或更多的环从主体解脱出来。

红铜丝制"寿"字形巧环
阮根全制
1998年
江苏无锡

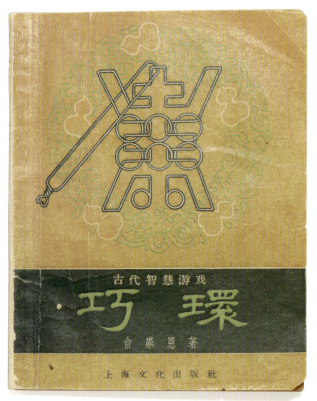

俞崇恩在他的书里将这类益智游戏称为"巧环",书中对巧环的介绍和分析很有趣,但更让我们感兴趣的是他在前言里提到的一位巧环老艺人阮刘琪。书中向这位在苏州制作巧环已有二十多年的老艺人表达了谢意。

谁是阮刘琪?俞崇恩怎么会对巧环感兴趣,他又是怎样认识阮刘琪的?他们还在苏州吗?我们能够找到他们吗?为了寻找这些看似简单的问题的答案,我们无论如何也不会想到,从此开启了二十年收藏与研究中国各类传统益智游戏的漫长旅程。

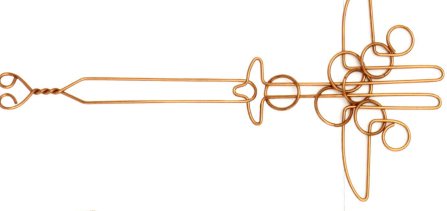

红铜丝制飞机巧环
阮根全制
1998年
江苏无锡

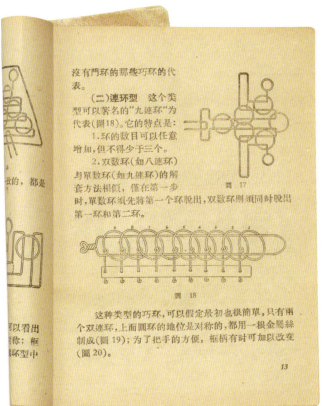

引领我们进入益智游戏研究世界的小书
1958年
俞崇恩《巧环》

20 世纪 90 年代中期，张卫的父母还在世，她每年都会从旧金山经上海转机去新疆乌鲁木齐探亲。1996 年时我们已经联系《巧环》的出版社两年了，所有寻找俞崇恩的信件和传真都石沉大海。那年张卫再次回国途经上海时，她决定亲自去上海文化出版社登门拜访。得到的消息却令人失望，1958 年时的编辑们不是去世了就是退休了，而且出版社根本没有留下任何有关俞崇恩和他的《巧环》的资料。

看来只有去苏州了。1997 年 9 月，我们决定自己去苏州寻找俞崇恩和阮刘琪。在苏州我们骑着租来的自行车在老城区的小巷子里转，见到白发的老人就停下来，拿着巧环复制件向他们询问是否知道或记得 50 年代曾经有制作这个游戏的老艺人。有一天有人告诉我们在人民路附近运河边上有一个茶馆，每天早晨都有一些"老资本家"聚在那里喝茶谈天，上了年纪的人很多，也许有人听说过阮刘琪。

茶馆离我们酒店不远，第二天清晨，我们穿过小桥流水来到了茶馆。七点刚过，茶馆里已经聚了不少人。张卫鼓起勇气跟在座的老人们问好，大家突然都静了下来，所有人的眼光齐刷刷地落在了我们身上。当他们得知我们在寻找一位叫阮刘琪的老艺人后，都摇了摇头。这时，有人建议我们去相距不远的苏州公安局打听打听。

几经波折，我们最终被带到公安局的一间办公室，两个热心的年轻警官主动帮我们在电脑上查找户籍资料。查了很久，却一无所获。突然一位警官说常住人口户籍是在世的居民的资料，老先生可能已经不在了，不妨从过世人口的数据里找找。

果然不出所料，阮刘琪的名字和信息一下子从电脑屏幕上蹦了出来。我们激动万分，仿佛找到了一个失散多年的老朋友。第二天，我们顺藤摸瓜，又相继查到阮刘琪的五个儿子和一个女儿的姓名和地址，并终于见到了他们。

...州市公安局 人口查 科
  陈东明先生，蒋丹宁 小姐 帮助查我资料 找到阮先生

  门派出所 户口 花杏玲 小姐 找到阮先生子女的消息。

家有三兄弟制造 puzzles 二子、三子及四子。据二子说，二子首先开始，当时（50年代初）已二十岁左右，没有工作，见到别人做九连环，就开始学做，带由其父拿到当时的人民商场门口去卖。puzzles 全部装在一木制的框架上，也曾将 puzzles 带到学校门口，在放学时卖给小学生。阮刘琪先生当时还有一个苹果卖车，也在放学时在学校门口卖苹果。慢慢地，阮先生三子、四子也开始制做 puzzles。当阮家几兄弟有工作后，大部分的 puzzle 由阮老先生作，出品也是在晚上下班左右制做。尤其阮力海（四子）在家最长，他做得也最多。据他说，用具是铁锤、工具是一尖咀 pliers 及小直径子一小铜管。他后来找本夹种料，不到五分钟内做一个九连环。子用不一小铃花眼在里。他说，四个孩子做的。但因为年青时做得很多，一辈子也忘不掉。说起不同的图案，他们说基本花样在九连环上，他们的花样只是外型上有变化。

是在学校的门口见到阮刘琪的，当时俞是在长春巷附近的一所中学教 puzzle 也是一种爱好。他自己并不会做，托阮先生做 puzzle 各样买了一个。后于阮力海学习解环，俞比阮新平青来。60年代初，俞又找到阮二子家找阮先生，但他已故。据说俞后返回上海。

		卖家兼主编人	阮刘琪 男
		约二岁	曾住桃坞区（金）职业 卖水果营业
			阮先生的子女
	no school	大子	消息不详
		二子	阮振春 1932.4.1 苏州港务管理处 家住苏州沧浪区
	1 year	三子	阮根金 1934年生 无锡塑料厂 ...东门 塔景...
	3 year	四子	阮力海 1939.1 现在苏州日报社 家住 钱务三村 2...
	初	女儿	阮来娣 1945. 苏州民族乐器一...
	...数理化	五子	阮来平 1948. 金阊烟糖分店

215000
苏州市阊门外北浩...

张卫笔记
1997年
江苏苏州

巧环

阮刘琪和他的巧环

下面是巧环艺人阮刘琪的三儿子阮根全讲的关于他父亲的故事：

我的父亲阮刘琪1900年出生在上海，他只念过一年书，也没有学过什么技术。父亲成家后有了我们五个儿子和一个女儿。我们一家八口在苏州文元弄三号一个带天井的传统院子里租了间房，一住就是几十年，直到1962年父亲去世。

我们小的时候家里生活困难，父亲以在学校附近卖糖果和干果养家糊口。母亲偶尔也帮父亲做生意。我们六个孩子从小就开始帮家里维持生计。学校放假时，父亲就做一些季节性的买卖。夏天卖西瓜，农历正月卖灯笼。我们做灯笼的手艺不错，除了传统的灯笼，我们也会做蝴蝶灯、兔子灯或三脚蟾蜍灯，等等。

30年代末，父亲在他做生意的学校门口看到一些女学生在玩九连环，于是父亲就开始在空闲的时候学做九连环。父亲没有读过什么书，但是他很喜欢动手动脑，有些花样是父亲借鉴学生们的报纸或手工课图案的，有些则是他自己设计创制的。

一开始父亲只是在卖糖果时顺便卖一点巧环智力游戏玩具，渐渐地父亲意识到卖九连环和他自己创作的巧环也够维持生活，于是便不再卖糖果了。父亲有几十种巧环的设计，大都是在九连环的基础之上改进而成的。每一个巧环游戏都有一个贴切的名字，一般以其形状而定。父亲也会用金属丝制作一些小玩具，如小三轮车、花篮十八翻等。

每天晚上父亲回到家都会告诉我们当天的生意如何，哪些巧环受欢迎，哪些销路不佳，哪些还要多做些。晚饭后我们一家人围在桌子边上一起制作巧环。妹妹和娣的任务是用砂纸将金属丝打磨光，我们兄弟几个有的做环，有的做柄，需要什么我们就做什么。我们把做好的巧环部件分门别类地放在一只篮子里，由父亲带到摊位上去组装。这样一来省地方，二

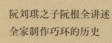

阮刘琪之子阮根全讲述
全家制作巧环的历史
江苏无锡
2011年

来父亲在摊位上装巧环时周围总能吸引不少顾客围观。

我们也帮父亲卖巧环。我们的摊位在苏州的许多学校门前都摆过，小学门前卖简单的巧环，复杂一点的就在中学和大学门前卖。父亲创作的巧环一般都是中国传统的图样，比如茶壶或宝塔，而我们的巧环是从日常生活的东西得到灵感。看到小猫经过我们就做猫环，看到飞机飞过我们就做飞机环。

1947年我十三岁，去了上海在亲戚的鞋铺里做学徒，但一年之后又回到苏州帮父亲做巧环生意。1951年，我重回上海，以制作销售金属丝巧环为生。有时也会用金属丝把人们的姓氏钳出来。

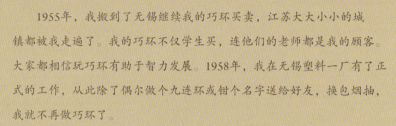

1955年，我搬到了无锡继续我的巧环买卖，江苏大大小小的城镇都被我走遍了。我的巧环不仅学生买，连他们的老师都是我的顾客。大家都相信玩巧环有助于智力发展。1958年，我在无锡塑料一厂有了正式的工作，从此除了偶尔做个九连环或钳个名字送给好友，换包烟抽，我就不再做巧环了。

大概是在1956年，俞崇恩还是个年轻的中学老师，他在学校的门口见到了我父亲和他的巧环。他对巧环很有兴趣，便常去父亲的摊位上和他聊天，一来二去便成了朋友。俞崇恩老师将父亲的巧环各样买了一个，带回去研究。后来俞崇恩老师在写《巧环》一书时常去拜访父亲，一些他解不开的，就请我的四弟力海去他家解给他看。1958年，俞崇恩老师的《巧环》在上海出版了，他还在书的前言中向我父亲致谢。

到了50年代末，我们兄弟几个都有了正式工作，只剩妹妹和娣在家帮助父亲。

不久，父亲也不做巧环了。1962年1月，父亲因食道癌去世，但是父亲将他的巧环手艺传给了我们。

多年来，我们兄弟各自成家立业，巧环仅成了回忆。退休后，我上了年纪，子女们又都有自己的工作，因此，阮家再没有人想到做巧环。但是制作巧环曾经是我们小时候生活的一部分，怎么都不会忘记如何制作的，那些图案设计至今都深深地印在我们的脑海里。[3]

阮刘琪和他的巧环在
苏州人民市场
江苏苏州　约 1955 年

阮刘琪的儿女们
和他的巧环箱
右起：阮根金、阮和娣及
丈夫、阮力海
江苏苏州
1997 年

离开苏州前，阮刘琪的三儿子阮根全、四儿子阮力海专门为我们制作了一些巧环游戏留作纪念。让人意想不到的是，阮刘琪的女儿阮和娣还拿出一张父亲在苏州人民市场自己的摊位前的留影！这张黑白照片是当时人民市场对面照相馆的师傅在 1955 或 1956 年拍摄的。更令我们惊喜的是，阮和娣居然在阮刘琪去世后的三十五年间里一直珍藏着他当年巧环摊位上的箱子！箱盖的内部是阮刘琪自己设计和书写的巧环广告："发挥智慧的玩具。"上面还列有各种巧环的名称和价格。

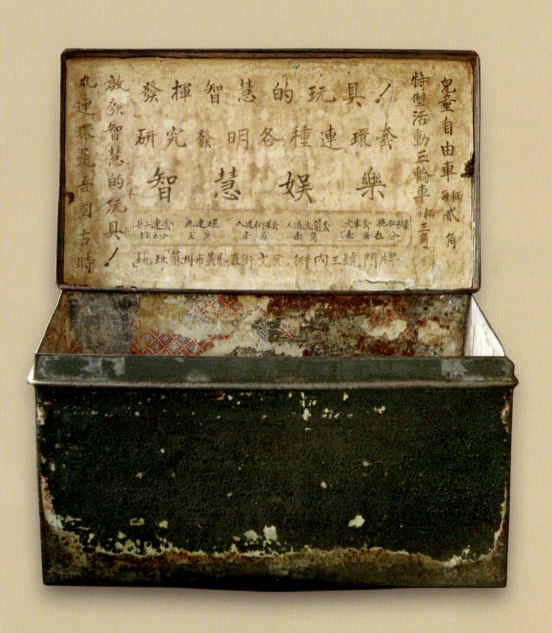

巧环 65

俞崇恩和他的《巧环》

苏州之旅很成功，我们找到了巧环艺人阮刘琪的后代，并了解了他们家族制作巧环的历史。但是《巧环》一书的作者俞崇恩在哪里呢？我们去他曾经教过书的苏州一中找，但近四十年过去了，学校里没有人知道俞崇恩。通过学校领导提供的线索找到了一位曾与俞崇恩共过事的退休教师，我们才知道俞崇恩是个基督徒，当年经常在家从事宗教活动，搬回上海老家以后因为地下宗教活动引来了牢狱之灾。从劳教营里释放之后他想办法回到了上海继续教英文。现在可能已经离开了中国，好像去了美国。

几天后我们去上海，在当地教育局的人事处很快找到了有关俞崇恩的信息卡。他家住胶州路，一直在中学教书。1959 年 3 月 22 日被捕之后人事档案被转到了安徽的一个劳教农场，除此之外别无其他信息。那么这个俞崇恩是否就是我们要寻找的人呢？我们决定去胶州路，希望从档案地址的左邻右舍那儿打听点什么。

俞崇恩在自藏的 1958 年版《巧环》上做的注释

那会儿正好是中午休息时间，离俞崇恩的原住址不远。人事处的工作人员很热心，起身就带我们去了胶州路。到了以后却发现大门紧闭。隔壁大妈告诉我们二楼确实是俞家，但他们都上班去了。傍晚我们再访时，俞静慧接待了我们。她是俞崇恩弟弟的女儿，在一所小学教书。她说伯父确实是《巧环》一书的作者。他在农场被劳教了二十多年，1980年才被释放，回到上海。1986年，伯父移民美国，现在加州洛杉矶定居。

返回加州伯克利家几天之后，我们迫不及待地驱车赶往洛杉矶，终于见到了俞崇恩和他的夫人。"对，我就是写《巧环》的俞崇恩，"他平和地说道，"但是我的英文名字是约书亚·俞（Joshua Yu）。从1986年起，我就一直在加州传教。"真是无巧不成书，1986年也正是益智游戏收藏家斯洛克姆出版《新老益智游戏》（*Puzzles Old and New*）的那一年，而且书中有好几页正是有关俞崇恩和他所著的《巧环》。[4] 更令人匪夷所思的是，十一年以来斯洛克姆与俞崇恩一直住在离彼此只有13公里的地方，真是远在天边近在眼前啊！

第二天，我们把俞崇恩接到了贝弗利山斯洛克姆的家，大家都不禁感慨世界真小。那时斯洛克姆收藏有世界各地的两万五千多个新老益智游戏，俞崇恩在惊叹之余更没想到巧环和他的名字已通过斯洛克姆传遍了世界益智游戏界。而对我们来说，我们的探索旅程就好像是完成了一个轮回——从斯洛克姆将《巧环》介绍给我们起，到我们带《巧环》的作者去他家拜访。

**俞崇恩和
杰瑞·斯洛克姆**
加州贝弗利山
1997年

在《巧环》一书中，俞崇恩是这样介绍巧环游戏的部件的：那就是基架、圆环和框柄。

基架就是巧环的环身，有种种形状。许多巧环的名称就是根据基架的形状来定的。……圆环就是附在基架上的各个圆形小环，有的固定于基架上，不能活动；有的则套在基架上，是可以活动的。……框柄是巧环中用来套进和套出的柄状部分。[5]

茶壶环有一个固定基架和六个圆环。上面的四个可以活动的圆环是套环，可以在基架上活动，而且环的直径足够大，允许长方形框柄在其中套进或套出。茶壶环下方的圆环是门环，在基架的开口处，其直径和套环一样大小。在茶壶环中部的小环是端环，在基架金属丝的一端。解这个益智游戏就是要将这个长形的框柄通过门环从基架上解套出来。

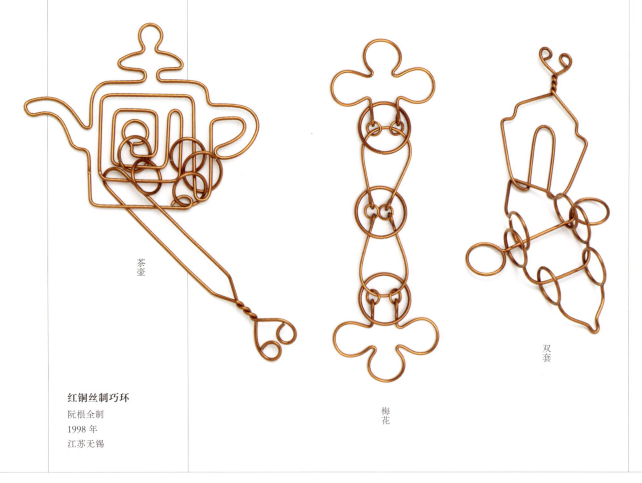

红铜丝制巧环
阮根全制
1998年
江苏无锡

茶壶

梅花

双套

梅花环的结构由一个活动的基架、三对接环和三个套环组成。这个基架在接环处是可以活动的。梅花环没有框柄，解环是要将梅花环上的三个大套环从基架上套出来。

宝塔环的固定基架上有八个圆环：六个套环、一个门环和一个端环。它的框柄是十字柄，不能够从套环中完全穿过。

双套连环的基架是可以活动的，由三对相连的套环和一对端环组成。它的上面套着一个凹柄，原理是和十字柄一样的，只是框柄的头部向里凹了进去。

1998年2月，我们去洛杉矶，跟俞崇恩谈起我们想在中国再版《巧环》的意图。俞崇恩将《巧环》版权转给我们并将他自己写有批注的《巧环》赠与张卫。张卫为此书重新作图配文并新增了八个巧环图形和其他内容，更重要的是把不可或缺的阮家制作巧环的故事和相关照片添补了进去。

我们北京的朋友余俊雄是中国少年儿童出版社的编审，同时也是益智游戏的爱好者。他对新版《巧环》十分有兴趣，从初稿到刊行给了我们很多的帮助和鼓励。1999年9月，题为《千变万化的九连环》一书问世。[6] 首印的一万册很快售完，第二年又增印了五千册，并在2001年9月于台湾出版了繁体字版本。

多年来我们一直与俞崇恩保持联系。遗憾的是，我们刚刚写完这个章节的初稿，俞崇恩的生命也走到了尽头。他于2015年7月离世。

每次去上海，我们都不会放过任何旧书市场，希望找到一本1958年出版的俞崇恩著的《巧环》。可那本小册子只发行了3500册，找到一本堪比大海捞针。2001年春，听说南京西路有个星期六古玩市场，我在一个寒冷的早晨起了个大早，打车去那个市场碰运气。结果地摊上几乎全是新仿的东西，令我大失所望。过了一会儿，店铺陆续开门营业，我已准备回宾馆睡个回笼觉，但还是鬼使神差地拐进了一个小店。店里堆满了小人书，明码标价五元一本。我想既然来了就别空手回去，不如买几本给张卫亲戚家的小孩儿看着玩儿。随手翻了翻表面的几本，一本《巧环》赫然出现在眼前！我仿佛被电到了，感觉简直就像随便翻了个土就挖到浅埋在地下的兵马俑一样。我按捺住心中的狂喜，把《巧环》夹到另外六本小人书中间，若无其事地付了35块钱，出了小店才松了一口气。就这样，我拿下了我们收藏中价格最低的宝贝。

宝塔

阮氏巧环后继有人

阮根全和俞崇恩四十多年后在美国洛杉矶重逢
2000年

红铜丝制足球环
阮根全制
2000年
江苏无锡

从2000年起，中国掀起了一阵益智游戏热。阮刘琪的后人在无锡、南京、苏州以及上海著名的豫园都设有巧环摊位。许多玩具厂商批量生产巧环游戏，包装成商品，在各地的摊位上和商店里销售。中国各地的仿古街上也有巧环游戏的摊位，甚至还有一些摊主自称是阮家的远亲或徒弟。

传统的中国益智游戏在国外也有众多的爱好者。1998年8月，我们邀请阮根全去日本东京参加第十八届国际益智游戏聚会（International Puzzle Party）。两年后，我们又邀请他和北京巧环智友周伟中来美国洛杉矶参加国际益智游戏聚会，期间阮根全还在旧金山亚洲艺术博物馆表演了巧环艺术。当然最令人感慨的是，阮根全终于在洛杉矶拜会了四十多年没有见面的、他父亲的老朋友俞崇恩。

自从参加了国际益智游戏聚会后，无锡和上海的报业媒体争相报道了阮根全和他的巧环。中央电视台第十频道《探索·发现》节目组更是制作了一部关于阮根全和我们艺智堂收藏中国传统益智游戏的纪录片。《五千年来那些游戏：雅戏》于2008年2月7日春节首播，后多次重播。直到今天还不时有人在街上或古玩店里好奇地问我们是不是就是电视里那对收藏益智游戏的夫妇。在纪录片中张卫阐述了我们收藏的初衷是为了不让这些濒危的中华民俗文化遗产消逝在历史的长河中。我们呼吁在中国建立一个中国传统益智游戏博物馆，让这些先人智慧的结晶能在新的时代中焕发出新的生命。

每隔几年我们都会去无锡见阮根全，一起吃顿饭，叙叙旧，有次阮根全还做了个足球巧环给我们。往日娴熟的技

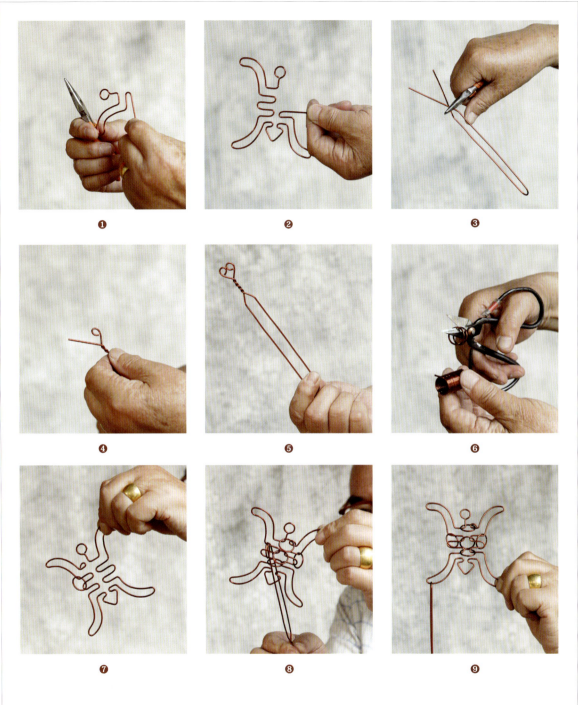

艺从这个漂亮的"足"字框柄可见一斑。前些年我们再见到他时，阮根全感慨地对我们说："我都80岁啦，岁月不饶人，该再次退休啦。用了一辈子钳子，手关节都磨坏了。不过我的弟弟阮和平和我女儿阮伟英将继续我们阮氏巧环的事业！"相信运气好的读者如今还能在苏州、无锡或其他的中国城市里遇见阮家或其他的巧环艺人还在制作和销售巧环。

阮根全演示巧环制作过程

金属丝制解脱类的游戏

解脱类的益智游戏在形式上可以分成两类：一类的部件是由坚硬的材质组成，比如九连环和我们上面讲到的巧环游戏；另一类的部件则由柔软灵活的材料组成，比如木质的绳环类游戏。

解脱类的益智游戏的起源并不明确。英国的伦敦南岸大学数学教授大卫·辛马斯特（David Singmaster）几十年来在收集、汇编娱乐数学的历史，其中包括拓扑类益智游戏。他最近发现了关于两个由木材和绳子制作的解脱游戏的描述，其中一个还有绘图。这个描述在意大利数学家卢卡·帕乔利（Luca Pacioli，约 1445–1517）未出版的论文手稿里。[7] 这篇题为《数字的力量》（*De veribus quantitatis*）的论文写于约 1496 至 1509 年，文中同时提到的连环益智游戏是目前所知这类游戏最早的史料（见本书第 47 页）。[8]

除九连环外，金属丝制解脱类的益智游戏出现的似乎要晚得多。美国益智游戏收藏家杰瑞·斯洛克姆的书中写道，从 19 世纪 80 年代开始，这类游戏在德国、法国和英国十分流行。[9] 例如：巴黎玩具生产商马克莱和达西埃公司（Mauclair & Dacier）在 1887 至 1904 年间生产过用金属丝制的"令人头痛的金属丝"（casse-tête en fil de fer）解脱类益智游戏。这些用小盒装的游戏盒盖面上有花花绿绿的标签并附带游戏说明。游戏的形状有自行车、小猪、月亮和星星，以及拉丁字母，而每一个游戏都取了让人过目不忘的名字，如：埃及艳后的手镯（Le Bracelet de Cléopatre）、离婚的问题（La Question du Divorce）和不可分离的双心（Les Deux Coeurs Inseparables），等等。但是，这些游戏并不复杂，很容易解套。1904 年，马克莱和达西埃公司并入法国玩具公司，并一直生产金属丝制益智游戏，直到 1931 年。[10]

巧环在中国的历史并不是很清楚，甚至有的可能是误传。俞崇恩在他的《巧环》书中提到："它用金属丝做成种种美丽的图形。……这种游戏，在我国已有八百年以上的历史，据说在宋代就已很流行，其中'九连环'几乎是家喻户晓。"[11] 如同本书前一章里提到的，美国人类学家史都华·库林介绍：（九连环）传说是中国历史英雄孔明发明的。[12] 虽然没有人提供任何史料证据，这两个版本的九连环的历史被中国和西方的著书人反复引用，久而久之也就被当成了信史。

西北工业大学已故教授姜长英（1904–2006）在他 1949 年出版的《科学消遣》中提到，他曾经在 1916 或 1917 年买到过一个金属丝制解脱类益智游戏：

> 类似九连环的玩意儿也很多，不过都没有那么复杂。多数的不需一

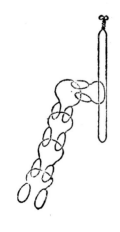

姜长英教授在 1917 年购得的十全环和图中巧环类似
1949 年
姜长英著《科学消遣》
私人收藏

分钟就可解决了。但也有极巧妙的，如不知
关键，即使玩上半天，也未必能参透其中奥
妙呢。

  九连环一类的玩具，市上能看见的，常
是那几种。这是因为制造玩具者的手艺，全
凭师傅，极少创作的缘故。民国五六年时，
作者曾在河北保定的府马号商场中买过一
件。以后在别处不曾见过同样的。[13]

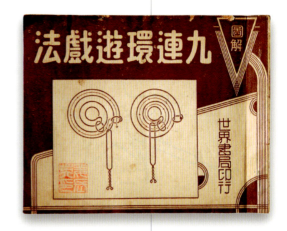

**上海出版的
解环游戏的书**
约 1935 年
《九连环游戏法》
私人收藏

  民国时期，上海世界书局印行了一本解环游戏的小书，内有 28 种巧环
游戏的解法。[14] 书上没有作者的名字，也没有出版年代。但是根据书中游戏
上的两面民国小旗，可以推测出书的大致年代。书中的巧环都很简单，上面
一般只有一个套环。

  上海是解环类游戏的生产中心。上海辛迪加公司（Shanghai Syndicate）
和巨龙公司（Dragon Company）都生产和销售过"Chinese Puzzles"，这些
游戏装在纸袋里，并附有图解。[15] 从这两个公司游戏产品的包装和解说都是
英文来看，游戏显然是销售到西方市场的，甚至很有可能是由在上海设厂的
外商制造的。

**金属丝制外销巧环游戏
及包装袋**
民国
上海
长 7.9 厘米

巧环 73

20世纪40年代，苏州巧环艺人阮刘琪创作和制作的"发挥智慧的玩具"在两个方面值得一提：第一，阮刘琪的巧环不论在种类上还是花样上，比当时任何中国或西方人制作的巧环都要多得多；第二，许多阮刘琪设计的巧环在拓扑结构上要比传统的巧环复杂得多，尤其众多的套环使难度相应增加。幸运的是1956年俞崇恩在他学校门口对阮刘琪卖的精美巧环产生了浓厚的兴趣。如果没有他的那本《巧环》，阮刘琪的设计和创作的命运，就会像他同时代或早期巧环艺人的手艺一样，永远地失传了。

辛马斯特教授下面的总结最能概括我们目前对解脱类游戏，甚至其他益智游戏的历史来源的看法：

> 虽然我们近年来的研究将我们对（拓扑学游戏）历史的了解向前推进了几百年，毋庸置疑的是没人真正知道它们起源的真相。没有哪个引用的资料是第一手的原始资料，它们只不过是历史上不同时期积累下来的一些众所周知的例子罢了。[16]

解巧环步骤

给巧环解套需将框柄解离基架。解套后若要把框柄再放回去，只需将步骤反过来。以有一个套环和一个门环的简单桃形巧环为例，步骤如下：

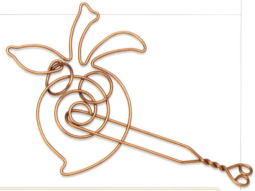

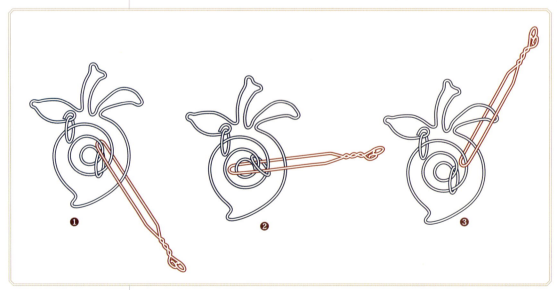

❶ ❷ ❸

巧环 75

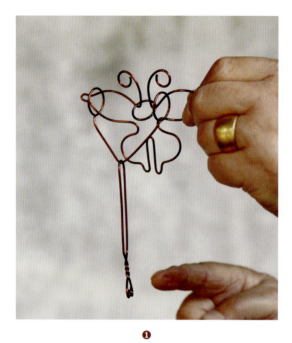

❶

❷

❸

❹

阮根全解蝴蝶环游戏

注 释

1. 〔北宋〕周邦彦:《解连环》，徐声越编注:《唐诗宋词选》，台北：正中书局，1991年，第453页。
2. 俞崇恩:《巧环》，上海：上海文化出版社，1958年。
3. 俞崇恩、张卫:《千变万化的九连环》，北京：中国少年儿童出版社，1999年，第5–10页。
4. Jerry Slocum and Jack Botermans, *Puzzles Old and New: How to Make and Solve Them* (Seattle: University of Washington Press, 1986), pp. 100–105.
5. 俞崇恩:《巧环》，第3–4页。
6. 俞崇恩、张卫:《千变万化的九连环》。
7. David Singmaster, "Some Early Topological Puzzles," pt. 1, *Recreational Mathematics Magazine*, no. 3 (2015), pp. 30, 37. 信息于2019年3月29日取自网络。
8. Luca Pacioli, *De veribus quantitatis*, manuscript, ca. 1496–1509, part 2, pp. 206r–207r, MS codex 250, Biblioteca Universitaria di Bologna, Italy.
9. Slocum and Botermans, *Puzzles Old and New*, p. 90.
10. "Collection de Jeux Anciens." 信息于2019年3月29日取自网络。
11. 俞崇恩:《巧环》，第1页。
12. Stewart Culin, *Korean Games with Notes on the Corresponding Games of China and Japan* (Philadelphia: University of Pennsylvania, 1895), p. 31.
13. 姜长英:《科学消遣》，上海：中国科学图书仪器公司，1949年，第97页。
14. 《九连环游戏法》，上海：世界书局，约1935年。尽管书名中有九连环，书中却没有九连环。因此，"九连环"在这里是指金属丝制的游戏。
15. Jerry Slocum and Jack Botermans, *The Book of Ingenious and Diabolical Puzzles* (New York: Times Books, 1994), pp. 104–105.
16. David Singmaster, "Some Early Topological Puzzles," pt. 2, *Recreational Mathematics Magazine*, no. 4 (2015), p. 20. 信息于2019年3月29日取自网络。

七巧板

Tangram

因难生巧,忽讶珠联,
推陈出新,又成璧合。
试拈花之妙手,别有会心。[1]

——碧梧居士,1813年

七巧板

七巧游戏是由七块不同形状的平面板块以及它们组合出的轮廓图案所构成的益智游戏。这七个板块的形状包括两个大的三角形、一个中等大小的三角形、一个正方形、一个平行四边形和两个小的三角形,在一起可以拼成一个正方形。制作七巧板的材料有实木、象牙、金属或其他材料;七巧的图案有几何图形、器物、山水、动物甚至是摆出各种各样姿势的人物。七巧板是一个组合游戏,目的是要求游戏者根据轮廓图案在一个平面上把所有七个板块在不叠加的情况下排列组合成图形。读者们可以自己制作一套七巧板,试着拼出本章的各种图式。

我和张卫在不同的国家和文化背景下长大——我生长在美国亚拉巴马州,张卫生长在中国西北的新疆。虽然我们成长于完全不同的两个世界,但小时候都玩过这个游戏,只不过张卫把它叫作"七巧板",我叫它"Tangram"。对于当时的我们来说,这只不过是孩子们的几何图形玩具罢了,哪里会想到什么七巧板的起源和历史。直到多年以后我们做研究时才发现,自从中国的文人雅士发明七巧板以来,它在中国已经流行了两百年。

七巧板及七巧图形

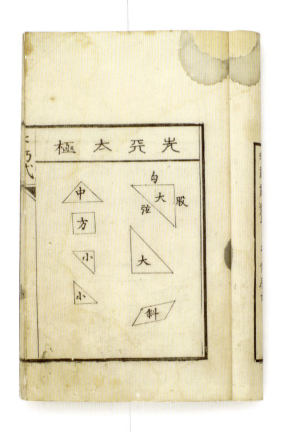
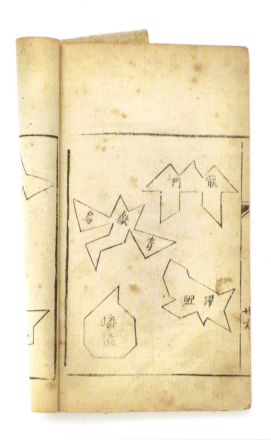

外销玳瑁雕刻七巧板
19 世纪
广州

  七巧板在西方的流行可以追溯到 19 世纪初。当时欧洲和美国的商人们乘船到广州口岸通商，把许多雕刻非常精美的象牙七巧板带回了家。1817 到 1818 年，各种各样关于七巧板的书籍在英国、法国、瑞士、意大利、荷兰、丹麦、德国和美国先后出版发行，其中大部分是翻译或转抄来自中国的早期版本。[2] 忽然间，这个一开始就被冠名为"Chinese Puzzle"的游戏在欧美火了起来，成为第一个风靡世界的益智游戏。也许除了现代的魔方（Rubik's Cube），还没有哪个益智游戏像七巧板那样在世界范围内流行过。[3] 七巧板的英文名字"Tangram"在 1848 年首次出现在出版物中，并在讲英文的国家和地区沿用至今。

费城与七巧

我在宾夕法尼亚州费城读的高中和大学,以为自己对这个城市很熟。所以当我得知费城积累的巨额财富许多其实来源于 19 世纪的中美贸易,包括对华贩卖鸦片,不禁有些吃惊。1998 年 11 月,我们专程去费城的博物馆,看一些那时的商人从中国广州带回来的象牙益智游戏。第一站是费城东北边的莱尔斯博物馆(Ryerss Museum),那里藏有一套十分特殊的象牙制七巧板,是专为费城进出口商罗伯特·沃恩(Robert Waln,1765-1836)从广州购得。当时沃恩是费城颇有名气的商人,1796 至 1815 年来往于广州的商船中与他有生意关系的起码有十二艘。[4]

沃恩的象牙七巧板是浮雕,装在一个贴有丝绸织锦的纸盒里。锦盒底部的字样"F. 沃恩 1802 年 4 月 4 日"(F. Waln April 4th 1802)很可能证明这套七巧板是沃恩和妻子 1802 年送给他们的女儿弗朗西丝·沃恩(Francis Waln,1799-1822)的礼物。如果七巧板与锦盒都是原装的话,那么这将是有文字记录的最早的七巧板。

在费城艺术博物馆和宾夕法尼亚大学艺术博物馆里,我们戴着白棉手套,仔细研究了一套又一套的象牙七巧板。每套精美的七巧板都放置在自己的方形象牙拉盖盒内,分两层摆放成两个正方形:一层由两个大三角组成,另一层由其他五个小块组成。这些藏品都是当时参与中美贸易的商人的家族以及他们的朋友在不同时期捐赠给博物馆的。

象牙七巧板及锦盒
清嘉庆七年(1802)
广州
盒边长 7.6 厘米
美国费城莱尔斯博物馆

外销象牙雕刻盒装七巧板
19 世纪
广州
盒边长 5.4 厘米

费城参与中美贸易非常早。第一艘到达中国的美国商船，是 1784 年 2 月 22 日从纽约港启程的"中国皇后号"（Empress of China），投资人之一就是来自费城的罗伯特·莫里斯（Robert Morris，1734–1806）。第一艘由费城到达中国的商船，是 1785 年 12 月 30 日起航的"广州号"（Canton），股权人之一是费城商人及保险经纪人约翰·唐纳森（John Donnaldson，1754–1831）。约翰·唐纳森的大儿子爱德华·M. 唐纳森（Edward M. Donnaldson，1778–1853）也参与了中西贸易，并在 1815 年 3 月 14 日以船长的身份，驾着"商贸人号"（Trader）商船去了广州。唐纳森船长于 1816 年 2 月 28 日返回费城，带回的物品中有一本七巧图书，是他的朋友在广州赠送给他的。

在费城的最后一天，我们驾车去蒙哥马利县，到那里的历史学会看唐纳森船长带回的七巧图书。这本书是个抄本，里面有 334 个图形。值得一提的是封面上的题字："B.C. Wilcocks to friend E. M. Donnaldson Canton 30th October 1815"（本杰明·C. 威尔科克斯送给朋友爱德华·M. 唐纳森，1815 年 10 月 30 日于广州）。这本 1815 年的七巧书是现存最早的七巧书之一。唐纳森船长返回费城后，1817 年詹姆斯·考克斯（James Cox）在费城出版了一本七巧书，是已知美国最早出版的七巧书籍。[5]

在研究过程中，我们还发现七巧板居然与鸦片贸易的历史有联系。本杰明·C. 威尔科克斯（Benjamin C. Wilcocks，1776–1845）、他的两个堂兄弟詹姆斯·威尔科克斯（James Wilcocks，1779–1838）以及理查德·威尔科克斯（Richard Wilcocks，生于 1776 年）连同他们的妹夫威廉·沃恩（William Waln，1775–1826）都来自费城显赫的家族。[6] 1805 年，他们四人是最先参与臭名昭著的对华鸦片批量贸易的美国人。[7]

1805 年 11 月，中美贸易开始后二十年，本杰明·C.威尔科克斯和詹姆斯·威尔科克斯为其投资伙伴做代理，将 33 箱土耳其鸦片从土耳其的士麦拿（今伊兹密尔）运到了广州。[8] 当时英国用印度鸦片垄断了世界的鸦片贸易，因此将土耳其鸦片贩卖到中国成为这四个合伙人的发财机会，更多的美国商人也紧随其后加入了这个行列。

威廉·沃恩与弗朗西丝·沃恩是叔伯兄妹，弗朗西丝·沃恩很可能是我们前面提到的 1802 年的七巧板受赠人。本杰明·C.威尔科克斯一直在做对华鸦片贸易，甚至在 1813 至 1822 年任驻广州美国领事期间都没有间断。也正是在此期间（1815 年 10 月），他将那册七巧板抄本签名送给了他的朋友爱德华·M.唐纳森船长。1827 年，威尔科克斯回到费城定居。1842 年，他六十六岁，迎娶了威廉·沃恩三十六岁的女儿萨拉。他们育有两个孩子。威尔科克斯在 1845 年去世。

封面有本杰明·C.威尔科克斯 1815 年题字的七巧图抄本
美国宾夕法尼亚州蒙哥马利县历史学会

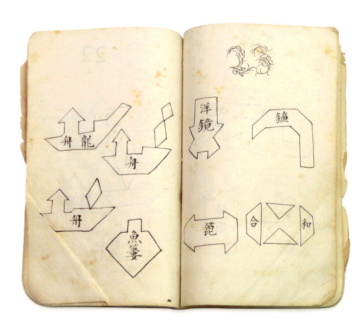

七巧遗珍

中国内销的七巧板与19世纪出口到西方的七巧板相比，最大的区别在于板块厚度。无论是用木头还是象牙，内销的七巧板都是用厚厚的板块制成，朴实无华且没有雕刻，很容易用手拈起来。外销的七巧板通常十分轻薄，其华丽的雕刻让人似乎觉得这是一种只可观赏不可把玩的装饰物。

在我们的收藏中，有两套相似的象牙七巧板，板块双面都精美地蚀刻有鲜艳的花果。一套购自山西平遥，一套购自伦敦。山西的那套放在可能不是原装的木盒子里，伦敦的那套放在具有19世纪广州风格的象牙盒子里，滑盖上还有传统山水蚀刻。看来伦敦的这套七巧板当年是出口到西方的，同期也有类似的精品从广州被贩卖到山西。这表明一些高端定制的七巧板无论是内销还是外销并没有很大区别。

象牙蚀刻盒装七巧板
19世纪
广州
盒边长 5.7 厘米

红木盒装珠母贝蚀刻七巧板
19 世纪
广州
盒边长 5.4 厘米

  1999 年 10 月，多伦多大学教授维克多·E. 葛兰姆（Victor E. Graham，1920-1999）来信建议我们联系他在香港九龙的朋友瑞蒙·李（Raymond Li），他是个行家，既收藏也买卖中国鼻烟壶和袖珍艺术品杂项。可惜的是我们好不容易有点头绪了，却发现瑞蒙·李与葛兰姆教授在最后一次联系之后不久就去世了。好在三个月后我们在九龙见到了他的儿子保罗·李（Paul Li）。保罗把他父亲留下来的两套七巧板拿给我们看。七巧板是他父亲袖珍盒藏品系列中的一部分，非常精美，让我们爱不释手，双方反反复复协商了好久，终于被我们纳入囊中，成为艺智堂藏品中的珍品。

  两套七巧板都有配套的带滑盖的匣盒。其中一套装在红木匣子里的，是由七块雕有人物故事的珠母贝组成。故事内容来自《凤阳花鼓》。惟妙惟肖的雕刻与珠母贝的流光溢彩相映生辉，滑盖上有篆文"七巧图"字样，实为精品中的精品。

另一套里里外外都由檀香木制成。七个板块厚实、没有雕刻，而匣盒则雕出了竹子的质感。其顶部边缘被雕成竹根的样子，滑盖的中心巧夺天工地雕有蛟龙戏珠，匣盒被优雅的座脚托着，四周雕满了缠枝梅花。[9]

檀香木雕刻盒装七巧板
19 世纪
广州
盒边长 8.1 厘米

民间老百姓玩的木制七巧板也风味独特、并不逊色。尤其是这副盒子用整块木头掏挖出来的七巧板，七块板子分两层装在里面。盒子四边各刻一字，合起来便是"奇巧木盒"，即"七巧木盒"中的"七"字由"奇"字取代，更突出这个游戏的奇特和巧妙。

2005年的一天，我们起了个大早去赶山西平遥附近的张兰秋季古玩交易集市。到那儿时天刚亮，已有上百个卖家在镇上的主街两边摆好了摊位。我和张卫兵分两路，争取在大多数人赶到前先把摊位浏览一遍。我瞪大了眼睛，比喝了咖啡还兴奋，不一会儿就看到一个小伙子猫着腰蹲在地上，在查看一套盒装木制七巧板。几乎在他将七巧板放下起身的同时，我飞快地弯下腰把那套七巧板攥在手里。小伙子显然认得我，说："我觉得有一块板子是后配的。"我愣了一下，原来他是北京古玩城的，我们俩还挺熟！这些制作粗糙的紫檀七巧板在我看来的确是原装的，不过我真正看中的可是这粗犷有趣的盒子！它是用一块整木料掏挖出来的，表面坑坑洼洼但皮壳棒极了。盒里的衬纸几乎掉光了，露出带凿痕的裸木。盒子的滑盖与盒子十分契合，简直是一块木头分出来的两个物件儿，但到底是怎么凿出来的，还是个谜。

木制盒装七巧板
19 至 20 世纪
山西
盒边长 10.1 厘米

紫檀七巧板及木盒
19世纪
山西
盒边长 6.5 厘米

另外三套在北京购得的七巧板也各有独特之处。装在红色纸盒中的红木七巧板是我们的收藏中最小的一套；楠木制的那套是我们的藏品中唯一要拼成一个大正方形后置放在盒内的七巧板。传统装法一般是拼成两个正方形后分两层放置在盒内。第三套是紫檀木的，装在一个红木盒子里，盒盖上还嵌着刻有"七巧成图"的骨标签。

红木七巧板及纸盒
20世纪
中国北方
盒边长 3.9 厘米

楠木盒装七巧板
20世纪
中国北方
盒边长 9.4 厘米

红木骨签盒装紫檀七巧板
19 至 20 世纪
中国北方
盒边长 4.8 厘米

买家，小心！

古董市场鱼龙混杂，不乏有想走捷径的人。我们有一次在绍兴碰到了一个对我们的收藏颇有兴趣的古玩商。他拷贝下了七巧板的图形，并告诉我们他会以此为参照寻找古董七巧板。两年后我们故地重游时，他真的拿出好几套尺寸不一的七巧板来。七巧板的盒子倒是老物件，里面的七巧板却没能瞒过我们的眼睛，是新做的。

还有一次我们在北京古玩城二楼的一个玉石摊位上看到两块几何玉板。一块是平行四边形，另一块是大三角形，应该是出自同一套七巧板。摊主要价不菲，我们只得放弃。先后返回两次后，我们终于成交。摊主看到我们如此执着，不由得心生邪念。他说一定会帮我们找到一套完整的玉质七巧板，并让张卫在一个信封的背面画个七巧板的草图，他好依此寻找。张卫欣然应允，但匆忙之间画得不够精确，七巧板里的正方形看起来略有点像长方形。几个月后我们第四次来到他的摊位时，他出人意料地拿出两套"古董"七巧板来邀功。当看到每套七巧板里面的正方形都是长方形时，我们兴奋的心情一下子跌到谷底。原来摊主向张卫要图的真正目的是要做赝品，恰恰因为不精确的草图被我们看出了破绽。

我们二十年来捡过漏也打过眼。我们以亲身经历告诫大家，古玩市场，上至千金难买的官窑瓷器下至罕有问津的七巧板，鱼目混珠、偷梁换柱的例子比比皆是，买家一定要擦亮眼睛啊！

七巧图书

1999年，我们在北京东琉璃厂海王村古玩市场宋四成的店里找到一套罕见的1821年版的桑下客著《增订七巧图合璧》，而且品相一流。这套书分两册，由原装的函套包裹着，侧面由两个骨签插封。函套里面正中的凹槽内附有一套拼成正方形的象牙七巧板。相比那些精雕细琢、玲珑脆薄的广州外销七巧板，这套与其他典型的内销七巧板一样，厚实、耐用、无雕琢、手感好，经得起把玩。整套物件保存得非常完整，实在是难得。

**函套装七巧书
及内附象牙七巧板**
清道光元年（1821）
桑下客著《增订七巧图合璧》

碰巧同年我们在伦敦大英图书馆查找资料时，发现了八册1815年的中文版《七巧图合璧》，著者是桑下客。书中有334个图形及相关图解。桑下客在序言中提到此书的缘起：

> 去岁云间（上海松江区）徐恕堂摹绘一百六十种刊行，余未及见。今夏王子毅园自其乡携来吴下（苏州），又增其弟春生所推广者，共成二百余图示予。[10]余亦姑置之。雨牖无事，回与同人互相寻绎，觉转移之妙，层出不穷。又推鄙意，得百余图，合为一册。不敢秘诸枕中，爰付剞劂，以公同好。是为序。
>
> 时在 嘉庆昭阳作噩且月（1813）中浣桑下客识[11]

落款年份"昭阳作噩"对应的干支是癸酉，也就是嘉庆癸酉年，换算成公元纪年是1813年。虽然这套《七巧图合璧》是1815年的版本，但是书中桑下客作序的时间却是1813年。当时益智游戏收藏界普遍认为桑下客1813年的版本、王子毅园"二百余图"和徐恕堂"一百六十"图的1812年版本已经不存在了。[12]但故事到此还未结束。

七巧板

从宋四成的小店买到那套内附象牙七巧板的《增订七巧图合璧》一年半之后，我们又去他那儿寻宝。这次宋四成店里没有什么惊喜，只有一套破损比较严重的《七巧图合璧》问我们要不要。张卫显然没什么兴趣，因为我们曾经在他这儿买过几套同样的，而且都比这套品相好。"价钱这么公道，您不买都不好意思吧！"宋四成甩着一口京腔，居然把我给说动了。虽然我们已经下定决心不能再买不需要的东西了，但我们还是把这颗"烂杏子"带回了家。嗨，一套书能占多少地方！我们自我安慰道。

回到伯克利的家后，张卫跟往常一样给新买的藏品做登记。她翻看着这套刚买的、可有可无的《七巧图合璧》，封面的右上角印有"嘉庆癸酉新镌"，瞥了一眼旁边的中国历史年表……"1813！"张卫在书房里惊叫起来，"清代嘉庆癸酉对应的是公元1813年！"[13] 我急忙跑过去一看：老天爷！我们就这样歪打正着地拥有了现存于世最早的关于七巧板的书——桑下客初版的《七巧图合璧》！

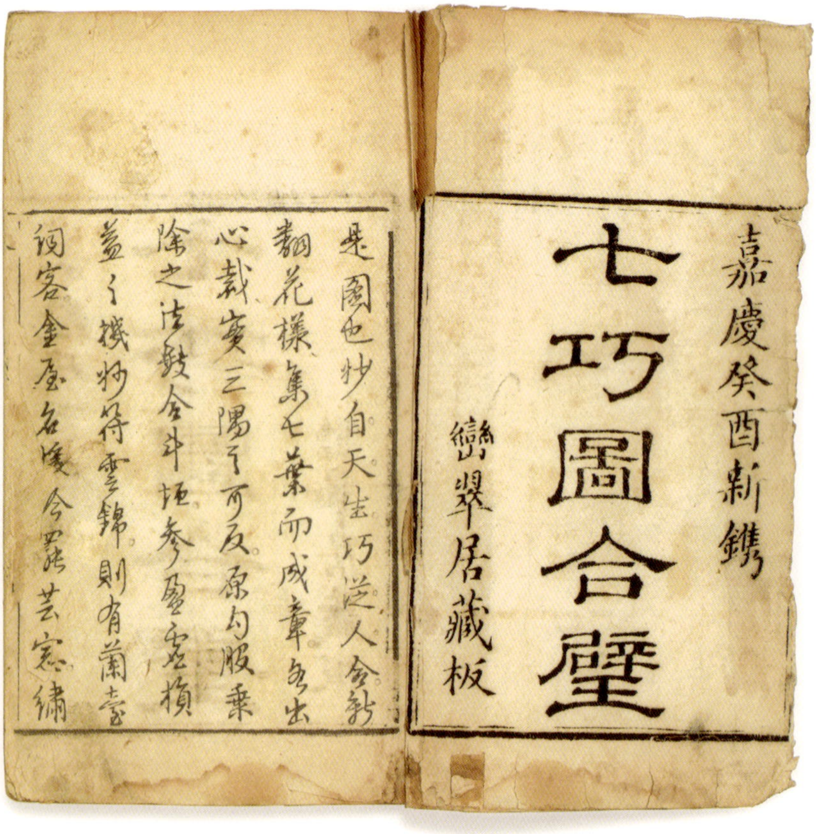

现存最早出版的七巧书籍
清嘉庆十八年（1813）
桑下客著《七巧图合璧》

现在普遍认为徐恕堂出版于 1812 年的书已经失传了。所幸的是徐恕堂所写的七巧板拼法说明，连同他的印章款"恕堂"，被复制到了桑下客各个版本的书中："是图：照前式大小奇偶者七片，勿亏勿剩排成以下各种。"

徐恕堂的印章款"恕堂"

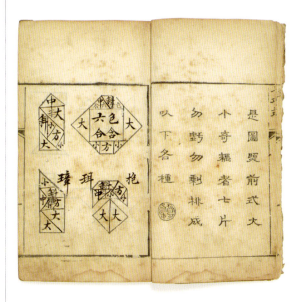

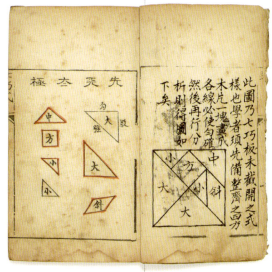

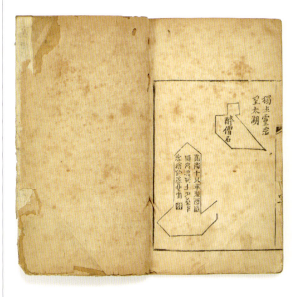

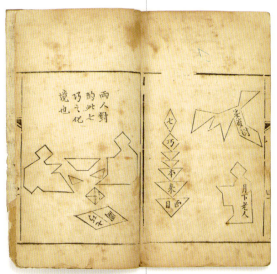

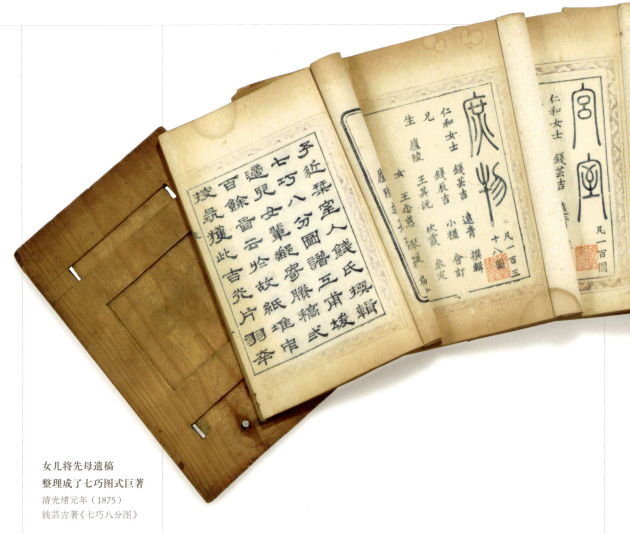

**女儿将先母遗稿
整理成了七巧图式巨著**
清光绪元年（1875）
钱芸吉著《七巧八分图》

  1997 年我们开始收藏，从那时起上海就是我们每次来中国入境的地方。我们比较念旧，多年来只要一走进闹中取静的上海铁道宾馆五楼，就像候鸟回到熟悉的窝一样舒服。铁道宾馆虽然与周围林立的摩登大楼相比非常陈旧，但外面的匾额显示出这个原名"中国大饭店"的地方有一段辉煌的历史，曾是中共地下党抗日的秘密地点。我们一般在上海小住几天，每天在老里弄的巷子里吃完早点，就穿过摩肩接踵、热闹非凡的南京路去见新朋老友，把大大小小的博物馆、图书馆、古董店逛个遍。当然最后少不了把淘来的宝贝摆满一床铺，请三五好友来热热闹闹地品头论足一番。

  2001 年的一个星期六，天刚亮，张卫还在睡觉，我早早地就起来了，一个人去豫园附近藏宝楼的周末古玩市场溜达。三楼常常有些旧书商来摆摊，常见的一位叫朱来宝。刚刚走到他的摊位前，就看到一位先生正在翻阅一套八册的七巧板书。这套旧书是套色双色印刷，有些年份了。虽然我对书名、作者、年代一无所知，但经验告诉我这套书很不寻常。

　　那位先生小心翼翼地把这一套八册的古书放回到配套的木夹板里去。我屏着呼吸盼着他就此离开，这样我就可以把书摁住，谁也别想从我手里抢走这套书！怎料事与愿违，他将书夹在胳膊里，掏出了一叠钞票。我眼睁睁地看着他把十八张一百元的钞票一张一张地数到了老朱的手掌心里，心里别提多后悔没能再早两分钟赶到了！顾不得颜面，我尾随着买主下了楼。幸亏那时美元在中国还挺吃香，一番讨价还价之后，我把书买了过来，乐滋滋地把书带回了宾馆，那位先生也乐得几分钟就倒手赚了一小笔美元。

　　张卫看到我的战利品简直不敢相信自己的眼睛，那是1875年出版的钱芸吉所著的《七巧八分图》。我们俩都乐坏了！书的后记里有她女儿王念慈写的一段出版此书的缘由。她出生仅三天她的母亲就去世了，但是看到母亲留下来的七巧图手稿，却好像能感受到母亲的用心。也许是天意，这些手稿几经战乱仍保存完好。为了表达孝心，她与家人将其出版。

嗟乎！慈生甫三朝而母即逝，才谫质愚，愧不能缵承先志于毫末也。然细绎是编，其原始以判形，其要终以归根，可征文字之谶，已非偶然。能不痛哉！幸而历经兵燹，尚得保全其帙，是亦造物之玉成于不朽欤！今亟付诸手民，愿遍传海内，庶稍释不孝之罪愆耳。念慈谨志。[14]

王念慈为其母钱芸吉所写的题志
清光绪元年（1875）
钱芸吉著《七巧八分图》

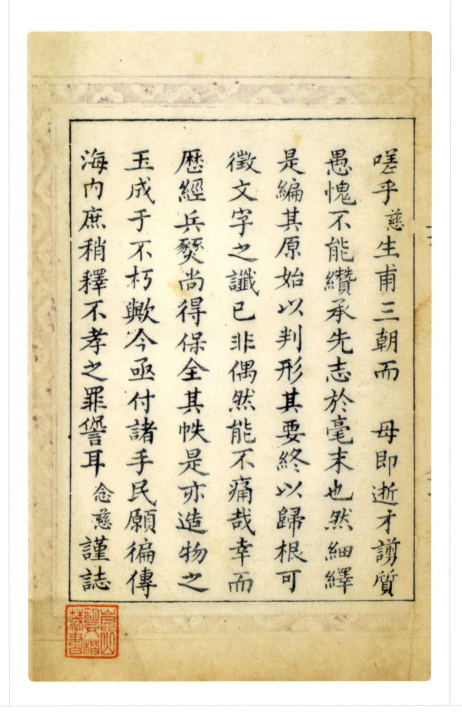

《七巧八分图》共八册,里面的 1706 张图分成十六个类别。有蓝墨印刷呈紫色的边框,全套书由上下两片木夹板包装并曾经配有白色棉质系带。下方的夹板中部有个四方形的凹槽,原本是用来放置一套锡制七巧板的。[15] 钱芸吉所著的《七巧八分图》在当时算是集原有和新创的七巧图为一体的、最完整的书了。

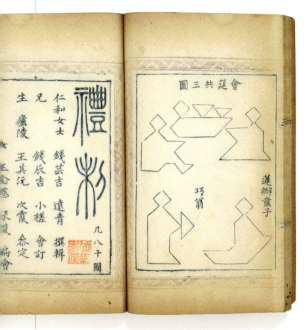

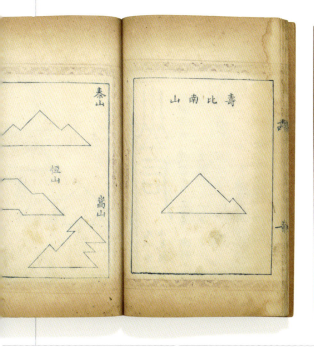

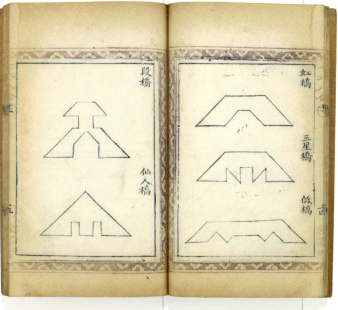

皇室里的七巧

我们曾听说 20 世纪 80 年代有人在故宫看到过一套装在黄铜盒子里的七巧板，每次我们回到北京都惦记着这事儿。功夫不负有心人，1999 年 10 月一个寒冷的清晨，我们几经周折终于"偶遇"时任故宫博物院副院长的杨新（1940–2020）。杨院长安排了对馆藏小物件了如指掌的宫廷部藏品管理员刘宝建来接待我们。我们正暗自庆幸运气不错，不料刘宝建肯定地告诉我们她刚刚对馆藏做了清点，绝对没有什么装在黄铜匣子里的七巧板。可能我们失望的表情都写在了脸上，刘宝建连忙安慰我们说，倒是有另外一套七巧板，赶紧把这表格填好，她去库房里拿给我们看。

不一会儿刘宝建拿来了一个蓝布面长方形的小盒子，盒面上有凸起的"七巧图"字样。盒子里面裱有御用黄色衬里，但令人失望的是其中只有两块三角形板块和一些木条。很显然，原来的七巧板不见了。[16] 刘宝建说什么时候遗失的已无从考证了。

有些遗憾，但是我们有点好奇：七巧板没有了，但会不会有配套的七巧书呢？刘宝建建议我们去隔壁的故宫博物院图书馆找找。果然我们在那里发现了湖南益阳胡敏翼所著的《七巧图》两册。这套书出版于 1867 年，封面上是写有"七巧图"的御用黄色浮签。[17]

七巧板盒
（原装七巧板遗失）
19 世纪晚期
盒边长 15 厘米
故宫博物院

故宫博物院图书馆藏七巧书籍
清同治六年（1867）
胡敏翼著《七巧图》

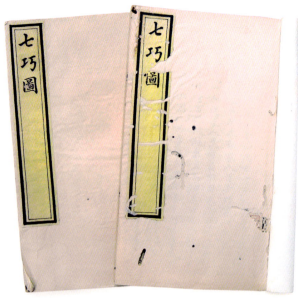

翌年5月，我们又来到了故宫博物院。这次刘宝建告诉了我们一个好消息：她在清代的史料中发现了一段关于七巧板在宫廷中被用到的记载。不久我们就在《清稗类钞》中找到了她所说的那段话：

>宫廷新年玩具：宣宗（道光）之孝全后，为承恩公颐龄女。幼时随宦苏州，明慧冠时，曾仿世俗所谓乞巧板者，斲木片若干方，排成六合同春四字，以为宫中新年玩具。[18]

"六合同春"

"孝全成皇后朝服像"
局部
清道光
241厘米×113.4厘米
故宫博物院

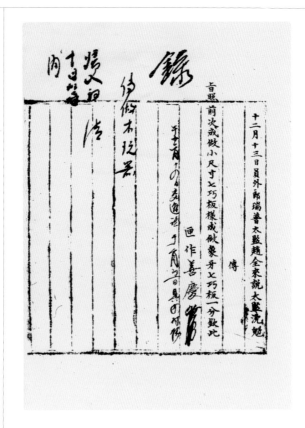

造办处活计库为孝全皇后制作五套七巧板的旨意题头底档
清道光十三年（1833）
《造办处活计库旨意题头底档》
中国第一历史档案馆

清代皇室的宫廷生活的记载真可谓巨细靡遗，而这些记录都保存在故宫里的中国第一历史档案馆里。张卫想，如果孝全皇后（1808-1840）确实让人给她定做过七巧板的话，那么我们应该可以在造办处活计库旨意题头底档中找到一些记载。带着稍稍激动的心情，我们第二天迫不及待地赶到了档案馆。

孝全皇后是咸丰皇帝（出生于1831年）的母亲。她在1833年被晋封为皇贵妃，并在1834年被册立为道光帝的皇后。因此我们就开始在这两年的清宫档案中寻找。想当年我们居然可以亲手触摸那些历史文档的纸张，现在能看到扫描文档就很不错了。

造办处活计库旨意题头底档被装订成册，张卫完全被清宫历史资料所吸引，每一页都细细地看。她在那儿看得津津有味，我却因为读不懂中文在一旁无聊地打了三天瞌睡。就在我们觉得大海捞针希望渺茫的时候，张卫眼前一亮，皇室七巧板旨意题头底档找到了！1833年农历十二月（其实是公历1834年1月）一共有三份旨意题头底档，日期相隔四天——我们真是欣喜若狂！

第一张旨意题头底档要求用紫檀木做两套七巧板；第二张要求做两套比前次小一些的七巧板，也是紫檀木做，要求木色要一致；第三张要求做一套和第二张要求的一样大小的七巧板，取材象牙。造办处的匣作工匠善庆在三张旨意上都有签名具结。[19]

对七巧有兴趣的不仅仅是中国的皇室成员。1819年，德国语言学家朱利斯·克拉普罗特（Julius Klaproth，1783–1835）曾将桑下客的《七巧图合璧》译成德文，并将其献给"普鲁士王储殿下"。现藏于柏林国立图书馆的克拉普罗特的手稿还印有原普鲁士皇家图书馆章和王储腓特烈·威廉（Friedrich Wilhelm，1795–1861）的私人印章。[20] 王储会绘图，对建筑颇有兴趣，是许多德国著名艺术家的老主顾。他于1840年成为普鲁士国王腓特烈·威廉四世。

其他值得一提的喜爱七巧板游戏的外国名人包括法国政治家和军事领袖拿破仑·波拿巴，英国作家、数学家及逻辑学家刘易斯·卡罗尔，美国作家埃德加·爱伦·坡，丹麦作家汉斯·克里斯汀·安徒生和英国科学家迈克尔·法拉第。[21]

七巧文化

根据中央工艺美术学院的王连海教授提供的线索，我们找到了吴友如（1841–1893）于1892年绘制并在1909年重刊的插画"天然巧合"。吴友如是上海著名的风情画画家，19世纪末的二十多年里他为许多杂志创作了插画。"天然巧合"描述一位衣着时尚的大家闺秀在庭院里对应着书上的图解玩七巧板，其他人在一旁观看的景象。七巧板书中的图解、桌上的七巧板及七巧板带有滑盖的匣子都清晰可见。[22] 我们在前面介绍的九连环插图的"妙绪环生"（见本书第32页）也是吴友如的作品。

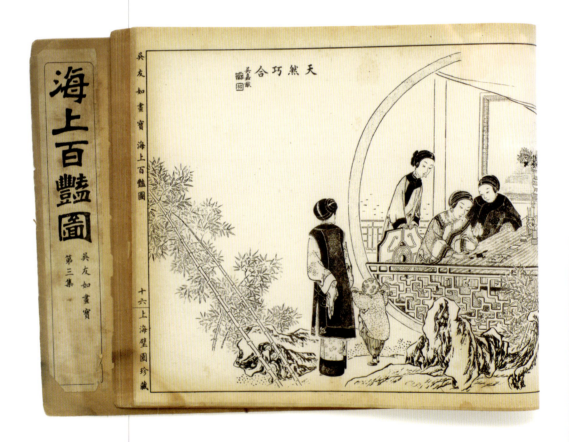

"天然巧合"中上海闺妇玩七巧板游戏
清宣统元年（1909）
吴友如著《吴友如画宝》

周作人（1885–1967），浙江绍兴人，是近代著名散文家、翻译家、思想家、新文化运动的代表人物之一，亦是著名作家鲁迅之弟。

本章前面提及的钱芸吉《七巧八分图》一书是周作人童年的挚爱。他在北京《晨报》1941年发表的文章中写道：

> 小时候玩弄过书本里头，最不能忘记的要算七巧图了。回想起来，当时所见者只是一册极普通的《七巧八分图》，实在并没有什么好，就是一种坊本而已，但是有些图如莲叶百合游鱼，简洁浑厚，有古典之趣，此所以不可忘也。23

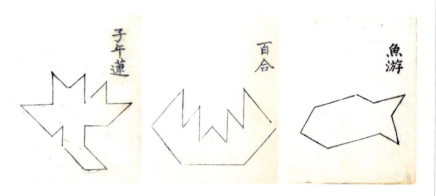

"莲叶百合游鱼"

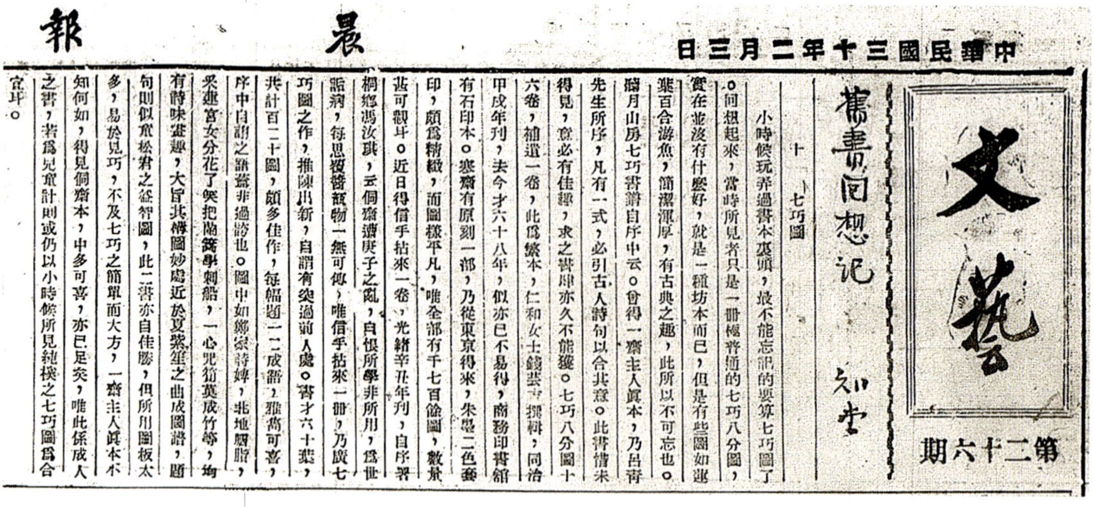

《旧书回想记（七巧图）》
1941年
知堂（周作人）撰
北京《晨报》

鲁迅（周树人，1881–1936）是享誉世界的作家和思想家。他也对七巧板类的拼板游戏有兴趣，在1918年农历正月十五日的日记里记载了他刚刚誊写完《曲成图谱》一书：

十五日晴。夜景写《曲成图谱》毕，共卅二叶。风。[24]

《曲成图谱》有六十四个折页，每页有两幅图形，这128个图形都是用十三块类似七巧板的图板拼成的。周作人在1939年的日记中这样介绍《曲成图谱》及图板：

偶从纸裹中找出侯堂抄本《曲成图谱》一册，题钱唐（杭州）夏鸾翔造，无序跋……此盖是七巧图之流亚，图板增至十三，凡大小三角四对，大小牙璋形（梯形）二对，方一，排成各图，较七巧更复杂，而善用不等边形相，故仍具大方之气度。[25]

一个星期后，周作人又在日记中附言：

此图谱或系夏氏家藏，侯堂故得借抄一本，世间似尚无流传也。

夏鸾翔（1823–1864），字紫笙，是中国最早研究微积分的数学家之一，著有许多数学书籍。他创作的《曲成图谱》或许从未出版过，我们所知有关此书的信息仅来自鲁迅及周作人。

以下这两个正方形的组合是张卫根据《曲成图谱》的文字描述，绘出十三个板块后拼出来的。读者们可以试试看能否发现更多正方形的组合方式。

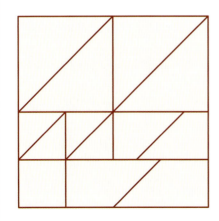 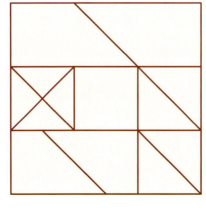

夏鸾翔《曲成图谱》中的十三块拼板的两种可行图式

在收藏的过程中，我们结识了一位南京的古籍收藏家府军。多年来我们从他那里购得了很多益智游戏类的古籍。2001年，他帮我们找到了一套1892年版的《听月山房七巧书谱》。这是周作人于1941年北京《晨报》发表的文章里提到的另一套七巧书籍，作者是浙江慈溪的清代学者严恒（又称竹舟山人）。此书的出版是三代人努力的结果——书稿由其子清末著名实业家严信厚编辑，并由其孙严子均（号乂彬）校勘。此书分上下卷，书中的内容除了用七巧拼成的古人诗句和对子外，还有用七巧拼成的诗序、七巧诗和自序。自序作于1857年。

由一家三代努力编撰而成的七巧书谱
清光绪十八年（1892）版
严恒著《听月山房七巧书谱》

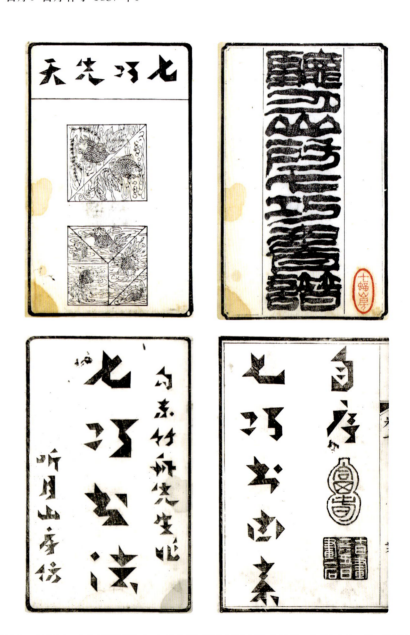

与绘画、书法及诗词一样，治印是中国古代文人必须精通的四种文房艺术之一。大约从公元前 2000 年开始就有了印玺，在明代，治印被文人雅士提高到了艺术的层面，各种闲章作品被汇编成册，称为印谱。到了清代，含有优雅诗文书画的闲章甚至比传统的姓名、字号、官职的印玺更被人推崇。[26]

2004 年，我们又从府军那儿找到了一本好书。这是一本印谱，里面有三十九个七巧板闲章作品。这本印谱里的印章都是一位名叫朱大宽的文人刻治的。朱大宽出生于 1858 年，家住北京香山附近。他通古文字，擅长辨认石碑或青铜器上的铭文，不仅花了五十年的时间研究和收集古印，自己还刻了一千多枚印章。[27]

应朋友的要求，朱大宽在 1937 年 6 月出版了题为《法古山房印谱》的闲章作品集，由北京华北工程学校印刷。印谱包括两个部分，第二部分是《七巧图五柳先生传》。

《五柳先生传》是东晋陶渊明（约 365–427）的代表作之一，富有诗意地记述了五柳先生沉浸于读书、饮酒、作文章的隐士生活，人们普遍认为这其实是体现陶渊明隐逸理想的自传。

先生不知何许人也，亦不详其姓字，宅边有五柳树，因以为号焉。闲静少言，不慕荣利。好读书，不求甚解；每有会意，便欣然忘食。性嗜酒，家贫不能常得。亲旧知其如此，或置酒而招之。造饮辄尽，期在必醉；既醉而退，曾不吝情去留。环堵萧然，不蔽风日，短褐穿结，箪瓢屡空，晏如也。常著文章自娱，颇示己志。忘怀得失，以此自终。

赞曰：黔娄之妻有言："不戚戚于贫贱，不汲汲于富贵。"其言兹若人之俦乎？衔觞赋诗，以乐其志，无怀氏之民欤？葛天氏之民欤？[28]

朱大宽的《七巧图五柳先生传》将陶渊明此文中的一百七十三字刻在了三十六个七巧板拼成的汉字或其他图形的闲章里。在跋语中朱大宽揭示了他篆刻的心得："治印秘诀：刻落手处须大胆，如令壮士舞剑；刻收拾处须小心，如令美女拈针。"

【下页图】
七巧造型印章上的陶渊明的《五柳先生传》
民国二十六年（1937）
朱大宽著《法古山房印谱》

七巧造型印章上的陶渊明《五柳先生传》
民国二十六年（1937）
朱大宽著《法古山房印谱》

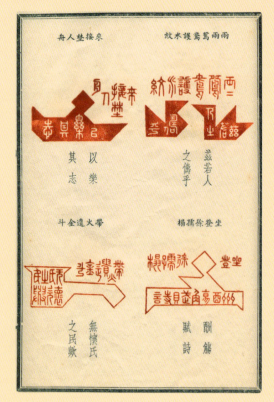

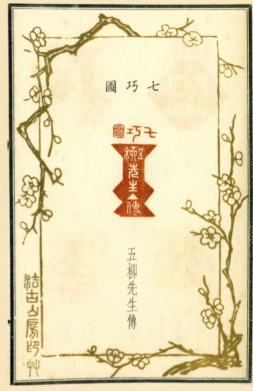

七巧圖

五柳先生傳

包含六合
先生不知何許人也
亦不詳其姓字

巧
宅邊有五柳樹
因以為號焉

才
閑靜少言
日
不慕榮利

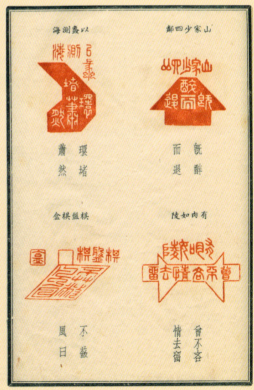

山家少四鄰
以蘗洲海
既醉而退
環堵蕭然
有肉如陵
棋盤棋盒
曾不吝情去留
不蔽風日

筆床筆架
縈渡無人舟自橫
依樣畫葫蘆
短褐穿結
晏如也
藥爐有丹火應伏
新睛看蛺蝶
簞瓢屢空
嘗著文章自娛

窗中三楚盡
頗示
已志
忘懷得失

七巧游戏的前身

七巧板在中国已有两百多年的历史，但在古希腊，有个十四片的板块游戏比七巧板早两千年出现。史多马奇恩（Stomachion）的论文最早出现在公元前3世纪，被认为是阿基米德（约公元前287-前212）所作。古罗马诗人奥索尼乌斯（Ausonius，约310-395）对此曾有过这样的描述：

> 这个游戏由十四片骨制的形状不一的几何板块组成。……将这十四片板块以不同的方式排列，就可以组合成无数的图形：巨象、凶猛的野猪、飞雁、披甲的罗马斗士、匍匐前进的猎人和狂吠的狗——甚至一座高塔、一个带把酒杯，还有更多，就看游戏者的本事了。高手们拼出来的造型既协调又形象，而没天分的人拼出来的图形往往十分古怪。不用说各位也知道，我就是属于后者。[29]

我们知道将七巧板拼成一个正方形只有一种拼法，但史多马奇恩就不同了。芝加哥的益智游戏发明家比尔·卡特勒（Bill Cutler）在2003年曾用电脑进行计算，证实要把这十四片板块拼成正方形，总共有536种不同的组合方式。

在中国的七巧板之前，日本也有类似的游戏。早在1742年，含灵轩出版了一本七片板块游戏的书。这个游戏叫作"清少纳言智惠板"，以纪念清少纳言（约966-1025），一位著名的女诗人及《枕草子》一书的作者。《枕草子》是作者以皇后女官的身份记录的日本后宫的所见所闻。但是，并没有任何证据显示以清少纳言命名的游戏在一千多年前她生活的时期就已经存在。

与七巧板不同的是，在清少纳言智惠板中，除了四片板块和七巧板完全相同，其他板块分别是两片梯形及另一个三角形。这本书有四十二个图形和它们的拼法，其中包括：船屋、野雁、富士山、莲花以及歌舞伎。有趣的是，清少纳言智惠板可以有两种正方形的拼法。《清少纳言智惠板》在东京都立图书馆和印第安纳州布卢明顿的印第安纳大学图书馆都有藏本。[30]

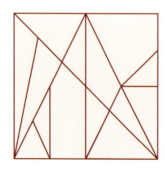
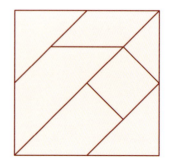

【左】
史多马奇恩

【右】
清少纳言智惠板

七巧游戏传人

我们倾心于中国传统益智游戏之美,也致力于找寻它们在世上的传人。2000年11月,我们非常荣幸地认识了北京的傅起凤老师。我们至今仍是亲密好友。傅老师是一位著名的魔术师,写过不少有关魔术和益智游戏的书。她出生在一个魔术世家,至今已有五代传人。对她而言,魔术、益智游戏和杂技是融会贯通的,因为这些娱乐传统上是相辅相成的。傅老师还告诉我们她对益智游戏的热忱和兴趣来自她的父母和曾祖母。

我的曾祖母李氏(1869-1952)出生于一个富有的家庭,家里是四川最大的盐商。她天资聪颖,没受过正式教育,但却从兄弟的课堂上瞟学旁听了不少东西,也学会了他们玩的游戏,包括七巧板。她出嫁到傅家的陪嫁是长寿县的200亩地。我的曾祖父十九岁时就英年早逝,因此我祖父从来没有见过他的父亲。

但有学识的曾祖母十分开明。在祖父傅志清(1887-1940)十七岁时,她就把祖父送到日本东京去读书。祖父在早稻田大学读的是法律,但后来却成了话剧表演艺术家和魔术师。由于祖父是家里的独子,我的曾祖母很早就给他包办了婚事,因此在他去日本前我的父亲就出生了。我的祖母自己也酷爱学习,去了成都学习蚕丝加工。因此,我的父亲是由曾祖母带大的。父亲出生时我的曾祖母还不到四十岁,她一边照看我的父亲,一边教他唱歌,还教他玩七巧板游戏。家里当时甚至还有一套装食物用的七巧盘子。

我的父亲傅天正(1906-1972)在重庆长大,在高中时代便已崭露头角。绘画、写诗、办报、戏剧他无一不精,甚至还有自己的魔术表演节目。后来父亲去北京大学读书,获得艺术史和商业法律的学位。由于他的父亲是当时颇有名气的律师,他也如家人所期望的那样成为了律师。谁知父亲实在太热爱艺术,以至于放弃了律师的工作改行成了个魔术师!那时魔术师被认为是低人一等的职业,但是父亲不改初衷,在上海魔术团崭露头角并一举成名。不仅如此,父亲还在闲暇之余投身到魔术和杂技历史的研究中去,撰写出版了不少相关的书籍。

我的母亲曾庆蒲(1909-1976)也来自重庆一个富有的家庭,毕业于重庆最好的女子中学。她和父亲一样,酷爱绘画、书法和七巧游戏。她那时会买一些由空白纸页装订的小册子,在上面描绘七巧图形。有时她也会将七巧板的图形的一片片

傅起凤

剪下来，拼成图形贴在小册子上。她还用多套的七巧板拼成情景图，比如：打乒乓球、打扫卫生和杂技表演。我们现在还有一些她遗留下来的作品。

从我记事开始，我的父母亲就很喜欢玩七巧板，一有空闲就试着画出更多的七巧图形。一旦创造出什么新图案，他们都会兴奋不已。那个时候家里有一个方桌，我们全家都围在桌子的四周玩得不亦乐乎。我有了孩子以后，我的父母也会在孩子们还很小的时候就试着让他们按着七巧图形的轮廓来摹绘。

50年代时，我的父母亲出版了四本有关七巧板的书籍，包括《幼童七巧图》。[31]我的二叔傅天奇（1910–1977）也是个魔术师兼艺术家，书的封面及插画皆由二叔所作。一直到"文化大革命"的前夕，他们都在上海和北京的报纸上陆续发表关于七巧板和其他益智游戏的文章。

"文革"期间，我们家里许多物品和资料被抄走。红卫兵甚至撬开我家的地板，怀疑在下面藏了东西。多年以后，我们终于取回了一点被抄走的物品。但是我父亲钟爱的《信手拈来》一书却永远丢失了。另外他的一套《七巧集成》也已毁坏到无法修复的地步。他们对七巧板的喜爱和执着没有因此中断，父母亲直到过世前还一直在研究学习七巧游戏。[32]

傅起凤老师从她的曾祖母、祖父、叔叔和父母亲那里继承了对益智游戏和魔术的一腔热忱。[33] 她和她的先生徐庄老师退休以后继续着这方面的研究与写作。如今她的弟弟傅腾龙、女儿徐秋、侄子傅琰东还有更多的学生弟子延续着傅家职业魔术师的传统，并不断推陈出新。[34]

傅天正和傅天奇
创作的七巧图
1954年
傅天正著《幼童七巧图》
私人收藏

母亲曾庆蒲
与父亲傅天正
1956年

不论是在中国还是在世界各地，益智游戏和魔术都有着密切的联系。美国作家马丁·加德纳（Martin Gardner，1914–2010）在世界益智游戏、魔术和娱乐数学界是位"教父"级人物。他在《科学美国人》（Scientific American）月刊上开设"数学游戏"（Mathematical Games）专栏长达二十五年之久。他的著作被译成了包括中文在内的各种语言。我们收藏益智游戏后，在2000年曾受加德纳之邀，专程去他北卡罗来纳州亨德森维尔的家中拜访了他，这是我们收藏之旅的亮点之一，同行的还有北京益智玩具研究小组的余俊雄。

加德纳2010年去世后，世界各地的益智游戏、魔术和娱乐数学界的智友们每年都会在10月21日（他的生日）前后以聚会的形式来纪念他，分享他们的最新创造和发现。我和张卫帮助组织了早期的北京加德纳纪念会，现在北京年轻一代益智游戏爱好者，包括许多魔友，已经担负起了每年纪念会的组织工作。最近几次在首都师范大学举行的纪念会，每次都吸引了数百名与会者。

在风靡英国、欧洲大陆和美国两百年之后，中国的七巧板在世界上仍然长盛不衰。在许多地方七巧板甚至成为小学教材的一部分，用来启发学生的几何思维，在今天的电子时代甚至已经有七巧板应用出现在智能手机上。不知桑下客对此会作何感想呢？

纸板盒装彩漆木制七巧板
20世纪50年代
上海
盒边长10.6厘米

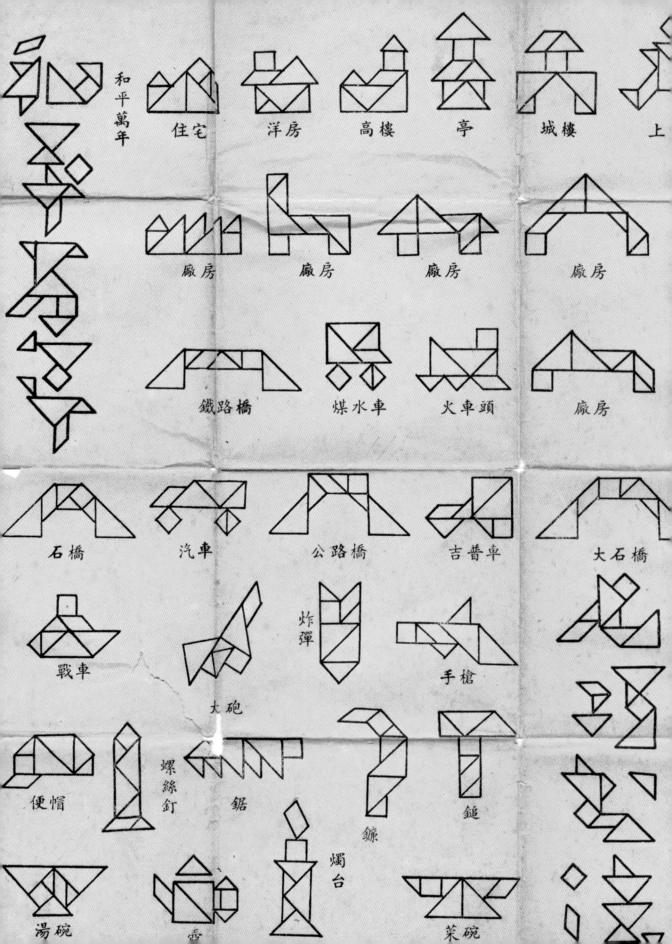

注 释

1. 〔清〕桑下客：《七巧图合璧》序，峦翠居，1813 年。
2. Jerry Slocum, *The Tangram Book* (New York: Sterling, 2003), pp. 70–99.
3. Ibid., pp. 30–39.
4. Jean Gordon Lee, *Philadelphians and the China Trade, 1784–1844* (Philadelphia: Philadelphia Museum of Art, 1984), pp. 122–124.
5. James Cox, *Chinese Philosophical and Mathematical Trangram* (Philadelphia: 1817).
6. Donna S. Przecha, "James Smith and Benjamin Chew Wilcocks." 信息于 2019 年 3 月 29 日取自网络。一些学者认为本杰明·C. 威尔科克斯与詹姆斯·威尔科克斯是兄弟关系，但是根据这个谱系研究，他们其实是叔伯兄弟。
7. Jacques M. Downs, *The Golden Ghetto: The American Commercial Community at Canton and the Shaping of American China Policy, 1784–1844* (Bethlehem, PA: Lehigh University Press, 1997), p. 115.
8. *Public Documents Printed by Order of the Senate of the United States, December 3, 1838*, vol. 3 (Washington: Blair and Rives, 1839), 85. 1804 年 11 月，本杰明·C. 威尔科克斯和詹姆斯·威尔科克斯已将 49 箱土耳其鸦片从土耳其的士麦拿运输到荷属东印度首都巴达维亚（今雅加达）。
9. Raymond Li, *The Miniature Arts in China: Toggles, Pendants and Other Accessories* (Hong Kong: Nine Dragons, 1988), p. 81.
10. 徐恕堂（1752–1823），云间人（今上海松江地区），是学者徐朝俊的号。1809 年云间书院出版了徐朝俊的《高厚蒙求》四卷，其中涉及天文、地理及钟表。在序中徐朝俊提及他的先祖学习过数学和科学，五代人都曾制作欧式钟表和其他机械仪器。由于徐朝俊本人对这类科学的浓厚兴趣，使得他绘制的 160 个七巧图解后来成为桑下客七巧书籍参考的来源，正如桑下客在序里提到的那样。
11. 〔清〕桑下客：《七巧图合璧》，峦翠居，1813 年。
12. Jerry Slocum, *The Tangram Book*, pp. 21, 26.
13. 嘉庆的"癸酉"和"昭阳作噩"是指同一个年代，这个中国农历的年份起讫于公元 1813 年 2 月 1 日至 1814 年 1 月 20 日。尽管中国的农历年和所对应的公元年份在时间上并不完全一致，嘉庆癸酉一般来说对应公元 1813 年。
14. 〔清〕钱芸吉：《七巧八分图》，庐陵（吉安）：庐陵求是斋，1875 年。
15. 浙江省图书馆有一套 1874 年版的钱芸吉著《七巧八分图》，书中印有"夹板内附制点锡七巧牌一副"。
16. 刘宝建：《皇宫里的玩具》，《紫禁城》2006 年第 6 期，第 39 页。
17. 〔清〕胡敏翼：《七巧图》，益阳：尚文堂，1867 年。
18. 〔清〕徐珂：《清稗类钞》第 1 册，北京：中华书局，1984 年，第 17 页。
19. 〔清〕《造办处活计库旨意题头底挡》，北京：故宫，1833 年，3810:546。
20. Sang Xia Ke, *Qiqiao tu hebi* [Complete Tangram Diagrams], trans. Julius Heinrich Klaproth (unpublished manuscript, February 1819), Staatsbibliothek zu Berlin.
21. Jerry Slocum, *The Tangram Book*, pp. 40–48.
22. 〔清〕吴友如："天然巧合"，《飞影阁画册》，1892 年 10 月第 81 期；吴友如：《吴友如画宝》卷 3–2，上海：中国图书公司，1909 年，第 16a 页。
23. 周作人：《七巧图》，《书房一角》，石家庄：河北教育出版社，2002 年，卷 1–10，第 21 页。《旧书回想记（七巧图）》刊载于 1941 年 2 月 3 日北京《晨报》。
24. 鲁迅：《鲁迅全集》，北京：人民文学出版社，2005 年，卷 15，第 316 页。
25. 周作人：《曲成图谱》，《书房一角》，卷 4–36，第 253 页。1939 年农历六月三日日记。
26. Jason C. Kuo, *Word as Image: The Art of Chinese Seal Engraving* (New York: China Institute, 1992), p. 57.
27. 朱大宽：《法古山房印谱》，北京：华北工程学校，1937 年。
28. 〔晋〕陶渊明：《五柳先生传》，武汉：湖北美术出版社，1987 年。
29. Decimus Magnus Ausonius, *Ausonius*, trans. Hugh G. Evelyn White (London: William Heinemann, 1919), 1, pp. 374–375, 395–397.
30. Jerry Slocum, *The Tangram Book*, p. 12.
31. 傅天正：《幼童七巧图》，上海：基本书局，1955 年；傅天正：《新七巧图》，上海：儿童读物出版社，1955 年；傅天正：《拼图游戏》，上海：四联出版社，1955 年；(曾)庆蒲：《七巧板拼图》，上海：上海文化出版社，1958 年。
32. 傅起凤：笔者的采访，北京，2006 年 10 月 24 日、2010 年 4 月 25 日、2012 年 10 月 19 日。
33. 徐庄、傅起凤：《七巧世界》，北京：大众文艺出版社，2002 年。
34. 幻心：《傅氏幻术》，北京：北京出版集团公司，2015 年。

七巧桌

Tangram
Tables

时摊琴书而坐，亲朋至籍觞受抨。
每一改陈之，辄得一变。¹

——戈汕，1617 年

七巧桌

　　七巧桌是一套七件、桌面按照七巧板的形状制作的、可以组拼的桌子。我们第一次知道七巧桌，是 1993 年在杰瑞·斯洛克姆的《新老益智游戏》(*Puzzles Old and New*) 一书中看到了一张袖珍七巧桌照片。[2] 第二次跟七巧桌"偶遇"是 1997 年 9 月，我们在苏州古典家具制作师顾海林的展厅里向他打听有关古董七巧桌的事。他拿出一本书，指着上面一套精美的清代红木七巧桌问我们说的是不是这种。[3] 呀！书中照片里的瘿木桌面的红木七巧桌太漂亮了！我们赶紧问他可不可以帮我们找到一套一模一样的。类似的也行！"我过去见过老七巧桌，但现在见不到了。"他说，"不过，花两万块钱我可以给你们做一套新的，和书里的一样。"好是好，但我们对新做的复制品没兴趣，婉言谢绝了。

　　我们住在与旧金山一桥之隔的伯克利。2001 年 10 月，伯克利的第一家中国古董家具店开业，巧的是这家店离我们家只有两个街口远。因此每次经过，我都会与店主常方，一位地道的北京人，打个招呼聊会儿天。一来二去我们成了朋友，常方也了解了我们的收藏方向。有一天她打电话来，说她在北京刚买了一套 19 世纪的鸡翅木七巧桌，如有兴趣，可以先看看照片。从照片上看，桌子的造型还不错，不过可惜原有的两张大三角形桌子遗失了，七巧桌只剩下五件。好在这五张桌子还能拼成一个正方形，于是我们仅凭照片就把桌子买了下来。

　　第二年我们终于在北京看到了我们收藏的第一套七巧桌。每张桌子都有束腰，下面的牙条两侧与桌腿相连。牙条下方是透雕的托角牙子，两侧刻成流苏穗子。令人惊喜的是这五张桌子上的十七块托角牙子雕满了不同的吉祥图案。桌子下方的冰裂纹踏脚美观大方，框在连接桌腿的落地帐内。每个帐子下面的卷纹托角牙子都与上方的流苏穗子呼应。

　　我们很喜欢桌子的鸡翅木纹和醇厚的包浆。但除了五个桌子中的方桌以外，其他几个都有问题：平行四边形桌子一侧的束腰板和托角牙子都没了；另外三张桌子的桌面、桌腿、桌角和牙条都或多或少有些损坏。于是我们请了北京一位著名的古典家具专家替我们修旧如旧地修复这套桌子。桌子损坏的部分修补得很完美，孰知桌面原有的沧桑的皮壳却被上了一层清一色的深棕色。桌子取回家后，一位来访的朋友不经意地评论起我们的这套"新桌子"，让我刹那间觉得这套桌子的修复倒成了败笔。没有风雨沧桑在木头上留下的痕迹，这套桌子仿佛失去了灵魂，就像北京前门大街上那些重修再建、徒有其名的百年老店一样。这个教训让我们永远铭记，以后清理修复古董，尤其是木制物件，一定慎之又慎。

鸡翅木七巧桌（五件）
19 世纪
中国南方
高 85.8 厘米

我们找遍了中国各地的古董家具店铺和仓库，七巧桌实在是太稀有，以至于大多数店主连听都没听说过，更别提见到过了。2004年10月，幸运之神降临。一位北京古董家具收藏家悄悄地告诉我们，有一套七巧桌很可能正从台湾运往大陆待售。我们后天就要回美国了，但这机会若是错过了我们还能原谅自己吗？我们赶紧搬救兵——打电话给老友柯惕思（Curtis Evarts）。柯惕思是常住上海的知名美籍中国古董家具商及学者，他成功地帮我们追踪到了正在运输途中的七巧桌。桌子刚抵达广州他便前往查看，并提供了以下信息：

> 昨日我飞抵广州去看这套七巧桌。桌子材料是红木和瘿木。我把七巧桌拼成了正方形后围观者啧啧称奇并纷纷拍照。这套桌子最先由我认识的一位台湾古董商几年前在福建发现，而且他告诉我当时那里还有两套柏木七巧桌。这套桌子的工艺一流，乃福建莆田传统之款式。桌面年久柔润，其品相及包浆皆上乘。上可追溯至19世纪晚清，基本无瑕。

次年4月，张卫再联络那位把消息透露给我们的古董家具收藏家时，他说他在广州见到了那套七巧桌，并鼓励朋友购买，结果居然被一个美国人捷足先登——"不是海外华人，可是个正宗的大鼻子老外！"张卫不禁暗自偷笑，此大鼻子老外不是别人，正是自己的先生。

这一套七巧桌宽高且沉，无论从外观还是手感上都让人觉得很厚重。桌子没有束腰，牙条直接嵌入桌子上方的结构中。每侧牙条都被雕成了连在一起的两组祥云，踏脚板采用了冰裂纹样。落地枨及踏脚在加高的马蹄足之上，视觉上更强化了桌腿稳重、难以撼动的感觉。

我们曾经在美国旧金山和纽约展出过这套桌子，它吸引了无数来博物馆参观的民众，有的人被其精湛的工艺所吸引，甚至有想亲手抚摸一下的冲动。展览过后我们继续在家里使用它，有时分成两到三组，三角形的组件放到墙角是再合适不过的了。其他的几件可以组合成别的形状，放在不同的房间里。目前所有七个桌子拼成梯形，放在我们维多利亚式老房子特有的凸状飘窗里，真是巧合天成。这套七巧桌是我们所见质量最为上乘的极品，亦是我们艺智堂藏品中的骄傲。

红木嵌瘿木面七巧桌
19 世纪
福建
高 83.7 厘米

七巧桌　129

好事成双。几乎在同一时期，北京古玩城的另一位古董家具商告诉我们，几天前他刚在上海古董交易会买到了一套七巧桌。然而当我们要求看实物时，这个古董商面有愧色地告诉我们，因为经不起纠缠，他已在回北京的火车上将这套桌子卖给另外一位同行了。"那人缠着我不放，直到我同意才罢休。"他有点懊恼地说道，"十万块买的桌子、十五万就卖给他了。"于是，我们找到了这第二位古董商、并从他那里得知、这套七巧桌是为他在北京外企公司做高管的哥哥买来做投资的。四个月之后，在他哥哥收到丰厚的投资回报之后，这套七巧桌终于成为我们的藏品。

红木七巧桌
19 世纪
江苏苏州
高 81 厘米

这套红木七巧桌比福建制作的那套桌子要矮小些，由于没有束腰，桌腿细长而显得轻巧秀气。桌子的牙条上有带梅花和花蕾的缠枝的生动透雕。桌腿低部的落地枨与冰裂纹样的脚踏给人以视觉上的平衡。这套七巧桌很有可能出自19世纪中晚期的苏州。

红木七巧桌中的平行四边形

　　七巧桌的制作不仅仅局限于中国的东南部。2005年4月，我们在北京首都机场附近北皋的通润古典家具公司里见到了古典家具商夏连喜。那个时期，夏连喜主要过手木制家具和其他来自中国北方的器物，货物很多。我们从他那儿找到了来自西安的一套杨木七巧桌子中的三件。这三件桌子分别是两个小三角形和一个中三角形，可以拼成一个正方形或长方形，桌龄约一百五十年。

　　这套桌子最特殊的是，其厚重的面板浮在纤细的束腰上。上下的罗锅枨保持其结构的稳固，上枨子的中部有个云头纹卡子花，与牙条相接，只可惜三张桌子只剩下一个卡子花了。长长的桌腿向下逐渐变窄，足部呈马蹄形。

　　桌子原来的优雅与现状相比不可同日而语，除了桌角受损外，桌子的一些构件不是坏了就是缺了。曾经上了酱紫色漆的桌面满是灰尘渍迹。尽管如此，我们还是决定除尘之后维持桌子的原状，让桌子自己向人们诉说昔日的沧桑。

杨木七巧桌（三件）
19 世纪
陕西
高 85.6 厘米

七巧桌

七巧桌的前身

许多中国学者认为七巧桌的根源可以追溯到北宋时期。一位名叫黄伯思（1079–1118）的书法家在福建一带发明了一套可以有好多种拼法的、用于宴会的组合桌子。这套桌子的七个组件都是长方形，宽度相同却长短不一。其中三个小桌子的长度分别是宽度的两倍；两个中等大的桌子的长度分别是宽度的三倍；而最大的两个桌子的长度则分别是宽度的四倍。

黄伯思把他的发明起名为燕几，意即宴会用的矮桌，可以根据来宾人数灵活拼摆。黄伯思在书中收录了二十组拼摆图形，共有四十种拼摆方式，根据图形而取名定义。宴会之余，他用这套桌子陈列古玩书籍，真是没有不合适的。他认为这些桌子相比世俗的固定尺寸和用途的桌子更加不落俗套。在他的《燕几图》中是如此描述的：

> 燕几图者，图几之制也。初几有六，列等惟三。……纵横离合，变态无穷。率视夫宾朋多寡，杯盘丰约以为广狭之。则遂创为二十体，变为四十名。因体定名，因名取义。……燕衎之余，以之展经史陈古玩，无施而不宜。宁不愈于世俗之泥，于小大一偏之用者乎？
>
> 图成而耒阳宣君谷卿见而爱之，欲肆其布置，务广而方，则不足于一隅。乃增一小者，合而为七。而其体始备其名益多余。嘉其善变而适于用也。易名七星，而拼图之名曰燕几图。按图设席，类有雅致，顾虽小道，亦见吾二人之智若出于一云。[4]

北宋
黄伯思著《燕几图》
中国营造学社
1934 年版

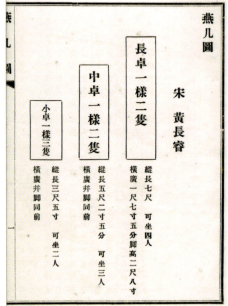

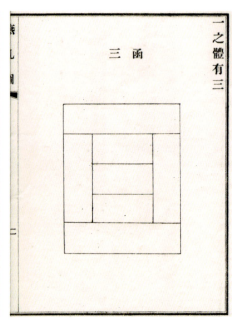

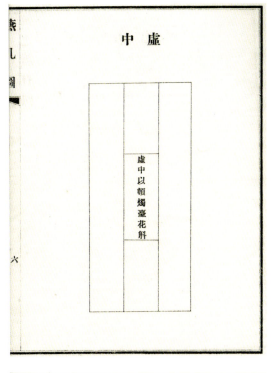

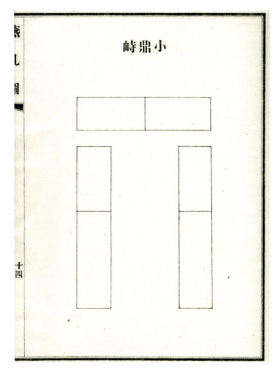

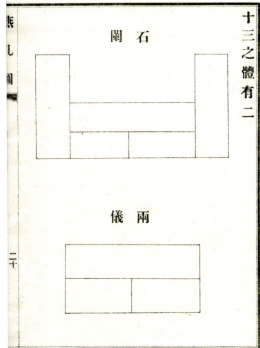

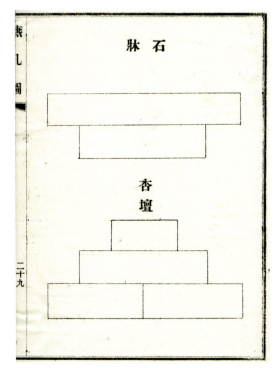

五百年后，明代出现了一套更为灵巧多变、名为蝶几的桌子。正如苏州的戈汕在他1617年所著的《蝶几谱》中说的那样，蝶几的桌面因恰似蝴蝶的翅膀而得名。蝶几有三种形状、六种桌形，每个桌形从一到四件不等，共十三件。这些桌几可以随意拼摆，既可放置琴书，亦可用于饮酌，比一般的桌几更灵活。他拼摆图形并让其子绘图成册。图形有大有小、有棱有角、有直有曲、有长有短、有的带空心，非常形象：

> 蝶几之式，凡有三也，其制则凡有六也。若长斜半斜三斜者，式之分也。若长斜虚其横之两隅，半斜有虚左隅有虚右隅，三斜有兼有差者，制之分也。……
>
> 统几之数，凡十有三者。……随意增损，聚散咸宜而不碍也。时摊琴书而坐，亲朋至藉觞受杯。每一改陈之，辄得一变。
>
> 窃亦自喜，其灵于今之几之用也。得其变恒示儿，子横副谱，谱类积而成帙，大者，小者，方者，楞者，直者，曲者，短者，长者，空中者。似状者，肖物者，甚有逃乎规矩之外者。[5]

燕几和蝶几在历史上都曾经被著名学者评论过。杰出又有些古怪的戏剧家李渔（1611-1680）就用他一贯的带有讽刺的口吻说，他初次看到《燕几图》时不禁佩服作者比自己聪明十百倍，但由于买不起这样的桌子，只能四处打听有没有置办了燕几的人，以及这桌子是否适用。结果没听说有谁买了，因此李渔认为一定是燕几摆弄起来太烦琐，而且如果房间不够大就看不出来效果。

> 予初观《燕几图》，服其人之聪明什佰于我，因自置无力，遍求置此者，讯其果能适用与否，卒之未得其人。夫我竭此大段心思，不可不谓经营惨淡，而人莫之则效者，其故何居？以其太涉繁琐，而且无此大之屋，尽列其间，以观全势故也。[6]

明万历四十五年（1617）
戈汕著《蝶几谱》
中国营造学社
1934年版

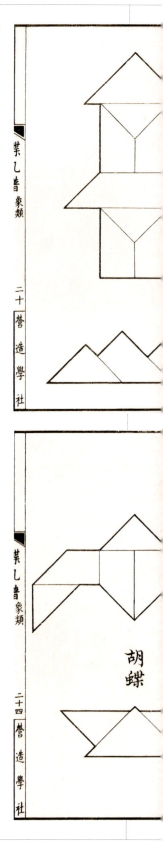

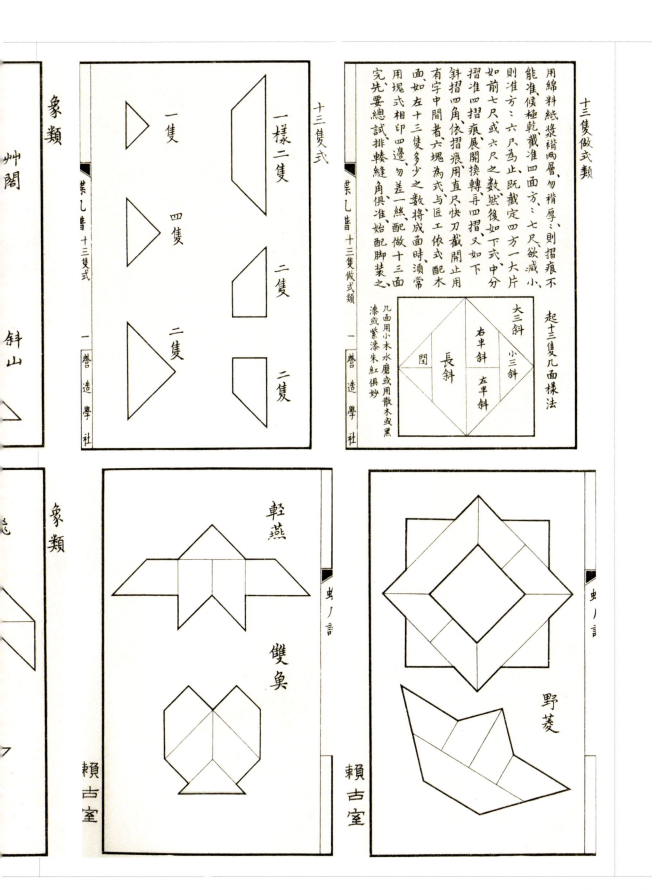

著名学者、明式家具大藏家王世襄（1914–2009）曾写道，戈汕的蝶几"相信是由更早的燕几演化而来，等于大型的七巧板。好事文人已经把家具的使用发展成为一种家具游戏了"。[7]

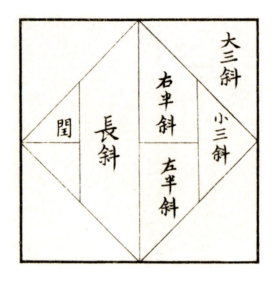

蝶几款式

1999 年 5 月，我们在北京拜访了中国科普研究所的郭正谊教授（1933–2012）。也许因为我是个外国人，门卫怎么也不肯通融放我们进去。我们只好委屈郭教授挤在研究所大门口的一个小桌子旁，跟我们聊了半天七巧板的起源。郭教授认为："七巧板的发明可能在 18 世纪末到 19 世纪初，源于蝶几。将图中的蝶几样法取右半部，再切割两刀即成七巧板。"[8] 郭教授的说法很新颖，可是这一说法并没有确凿的证据。

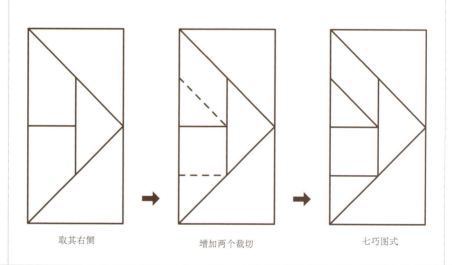

郭正谊关于七巧板起源的理论

取其右侧　　增加两个裁切　　七巧图式

七巧桌的组合

在早期调查中，我找到了一篇论文，可用来参照将七巧桌组合成凸多边形。这篇题为《有关七巧板的一个定理》的文章发表于1942年的著名学术期刊《美国数学月刊》(American Mathematical Monthly)上，文章证明用七巧板最多只能拼出十三个凸多边形。[9] 文章的作者是中国浙江大学的"Fu Traing Wang"和"Chuan-Chih Hsiung"教授，显然登出的名字不是汉语拼音，而是民国时期的旧式拼法。

我们查到这两位作者是王福春（1901–1947）和熊全治（1916–2009）。他们都出生在江西的农村，从小都有过人的数学天赋。1938年，同为浙江大学教授的他俩在杭州认识，并同在著名数学家苏步青和陈建功的手下共事。1938年下半年日军占领了浙江，浙江大学被迫南迁。全体师生一路跋山涉水，艰难步行去了广西，后来又到贵州。也就是在贵州时期，王福春和熊全治合作完成并发表了这篇有关七巧板的论文。王福春因为患肺结核不幸于1947年英年早逝；熊全治1946年赴美留学，成为密歇根州立大学的首位数学博士。熊全治在他杰出的学术生涯里，一共发表了一百多篇学术论文，其中许多是他专业内的微分几何。

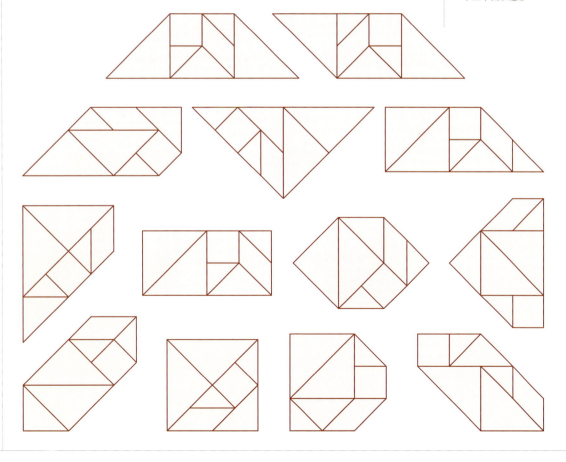

用七巧板只能拼出十三个凸多边形

闲暇时，我们会将家里的七巧桌摆成十三个凸多边形中的一个。更经常的是，我们会把桌子分成几组，放在家中不同的地方使用。比如七个组件可以变成两个同等大小的正方形桌，或者拼成两个三角形放在房间的角落，余下的组件拼成梯形沿墙放置，上面摆上家人的照片。如能有幸找到一套七巧桌，无论是古董还是现代仿制品，大家在自己的生活空间里会如何摆放它们呢？

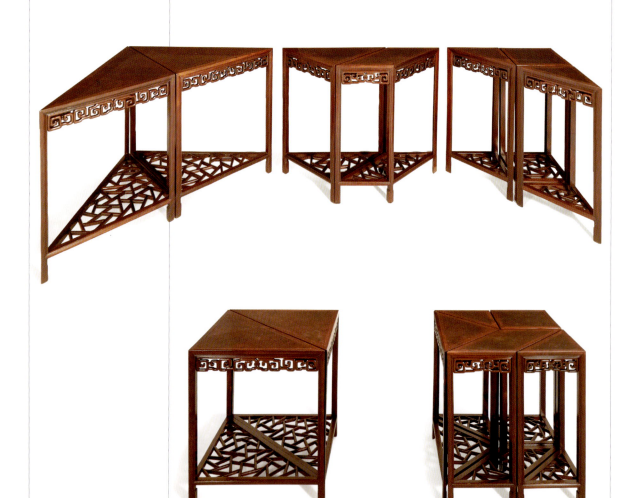

七巧桌

七巧桌展示

1997年秋，我在翻看一本苏州园林的图集时发现了一张七巧桌的照片。苏州园林以巧夺天工的石头假山、逶迤曲折的小桥池水以及画龙点睛恰到好处的亭台楼阁举世闻名。这套七巧桌就静静地立在留园的一个亭子里，仿佛一直在等着我们有一天能发现它。[10]

一年后，我们去了苏州、直奔留园。穿过各个园子，我们每一个亭子都找遍了，最后还是在一位工作人员的指点下，在揖峰轩里找到了这套桌子。这套桌子放在轩厅围栏的后面，乍一看像两个正方形的棋桌，上面分别刻有围棋和象棋的棋盘。忽然我们眼睛一亮，连接桌腿之间的各条落地枨正是我们熟悉的七巧板线条。可惜桌面被刻有棋盘的桌盖给盖住了，照出相来人们也看不清这套桌子的七个组件。

我们立即跑去请示工作人员可否允许我们将桌盖挪开。工作人员耸了耸肩，说："这个可不是我说了算——你们要挪就挪，我没看见就是了！"于是我们回到揖峰轩，绕到围栏后面，小心翼翼地挪开了与桌面尺寸相配的桌盖，一套完整的七巧桌终于出现在了我们眼前。桌上的两个方形桌盖，一个盖住了两个大三角桌，另外一个盖住了其他五件较小的形状不一的桌子。这套红木七巧桌是典型的苏州式样，桌面由嵌入的大理石构成。我们按捺住激动的心情正准备给七巧桌拍照，忽然一大群游客在导游的带领下涌了进来，将我们团团围住。导游绘声绘色地描述着这套桌子，我硬着头皮假装镇定地拍照，游客们好奇的目光把我的背盯出了汗。他们终于离开，亭子恢复了宁静。我俩长长地舒了口气，小心地把桌盖照原样放了回去。

2011年，我与本书合著者刘念回到了留园，希望能在亭子里为这套七巧桌拍一套更好的照片。结果与上次一样，哪个亭子里都找不到这套桌子。

红木嵌大理石面七巧桌
1998年（左）
2011年（右）
19世纪 江苏苏州
高 82.5厘米
苏州留园

又是在工作人员的指点下，我们才知道七巧桌已经从留园的揖峰轩移到了拙政园内新建的苏州园林博物馆。像许多其他事物一样，把有灵气的东西从本来"你中有我、我中有你"的环境中抽离出来，它就失去了灵气。这套七巧桌现在就像标本一样，与其他被抽出来的家具一起并列站在展厅里。我们只能从老照片中想象它在老园子里的样子了。

伯克利的加州大学东亚图书馆是我们研究查找资料的宝库。就在我们这本书的初稿即将完成之际，张卫发现了南京工学院建筑系刘敦桢教授（1896-1968）的书，其中一页有留园东苑的石林小院的插图。[11] 插图左上方是揖峰轩剖视图，带着围棋和象棋棋盘桌盖的桌子正是我们1998年在苏州看到的那一套七巧桌。

刘敦桢教授是中国传统民居及古建筑研究的开拓者。他早在1956年就完成了《苏州古典园林》一书的手稿。但不幸的是直到"文化大革命"后的1979年，他去世十一年以后，这本书才得以出版。

留园揖峰轩内的七巧桌
1979年
刘敦桢著《苏州古典园林》

北京颐和园排云殿
2008 年

　　北京益智游戏学者余俊雄告诉我们，他在北京举世闻名的颐和园内看到了另外一套七巧桌。2000 年 5 月，我们前去一探究竟。

　　我们在颐和园的排云殿找到了七巧桌，但是屋子上了锁，俨然闲人免进。我们只能从各个角度不同的窗格来欣赏这套七巧桌的全貌。排云殿于 1750 年建成，1890 年重修，是慈禧太后每年庆生的场所。

　　这些桌子不是一成不变地放在那儿，而是不时地被管理人员重新组合。我们最近一次故地重游时，看到了四套七巧桌——也就是二十八个七巧桌组件——同时在一个房间里展示。其中两套七巧桌的十个组件拼成了一个大型的六边形桌子，另外四个组件则拼成了一对小桌侧立两旁。另外两套稍矮的七巧桌则拼成了一个十组件桌和一个四组件桌。这些桌子没有束腰、素面牙条，大桌带有冰裂纹样的脚踏。每张桌子都贴着印有"红木七巧桌"字样的档案标签。

　　颐和园文物管理部的陈文生从十七岁就开始在那里工作，已经工作了五十年。退休之前他一直主管颐和园的精致木工家具，2009 年 4 月我们采访他时他已被返聘。以下是陈文生对排云殿七巧桌的陈述：

从桌子的式样来看,应该是道光以后,很可能是光绪年间制作的。也许是拼成某种形状在中秋节时用来放置祭祀品的。

桌子应该在清宫典藏库存和民国五年(1916)库存清点的清单中有记载,不幸的是那些记录都已遗失损毁。桌上最早的标签也只上溯到民国十七年(1928),但那份库存清单也无从寻觅了。50年代初还做过一次清点,但那份清单在故宫文物保管处保存,一般人是无权借阅的。

搬动这些桌子颇费时费力,所以我按照桌子组件桌面的形状用彩纸剪了出来。光用两套纸模型我就拼出了两百多种组合方式,我还拍了照。[12]

两年后余俊雄又告诉我们,浙江绍兴西南著名的兰亭的厅堂里可能原来有一套七巧桌,不过厅堂已在抗日战争中损毁。后经核实,此信息稍稍有误。

兰亭是中国书法艺术的圣地。公元353年,东晋著名的书法家和诗人王羲之(303–361)在此举办修禊集会,邀请了四十一位名士列坐曲水岸边,让酒杯随水漂流,到谁处停下,谁就取杯饮酒,并赋诗一首。传说当时王羲之趁着酒兴振笔疾书,不经意间写下了被后人誉为书法绝世之作的《兰亭集序》。

2003年,我们终于有机会前往兰亭打探七巧桌的虚实。从绍兴的酒店出发坐了半个小时的公交才到兰亭。副馆长喻革良请我们去他的办公室坐坐,并回答了许多我们关心的问题。然后他给我们泡了杯茶就短暂地消失了。不久,他带回了一位极有意思、名叫任张海的老人。任老说他儿时在兰亭见到过一套七巧桌。幸亏有喻革良的翻译,我们才听懂了任老用极浓重的方言所说的话:

红木七巧桌两套
19世纪
中国南方
高约80厘米
北京颐和园

"桌子就在这里！"
兰亭的流觞亭
2003 年

我在一公里之外的新桥村出生，现在还住在那里。30年代我还是一个小孩子的时候，曾在流觞亭看到过一套七巧桌。流觞亭至今尚在。七巧桌只有一个组件是正方形——其他所有组件都有锐角。所有七个组件可以拼成一个大正方形。桌子是红木做的，很沉。我一个人连一个组件都抬不起来呢。上小学的时候学校曾经带我们过来试着拼组。我们甚至放学以后也会自己去那玩儿。

这套七巧桌还挺有名气，来流觞亭的游客都会试着将桌子拼成方形。能拼出来的就会被认为人很聪明。而拼不出来的就会被认为脑子不灵。后来日本人来了，人们无法顾及兰亭，桌子便失踪了——兴许被人拿了去。我不知道桌子是谁做的，也不知道年代有多久远。我说了我那时候只不过是个小孩子而已。

另外还有一套与绍兴有关系的七巧桌，这套桌子陈设在鲁迅故居。鲁迅对七巧板的兴趣在上一章已有介绍，但没有什么材料可以证明他曾拥有过七巧桌。我们后来找到证据，鲁迅故居这套七巧桌是新仿品，购于20世纪90年代。

有意思的是最早关于七巧桌的记载出现在1876年的出版物上。当年美国为了庆祝独立一百周年特地在宾夕法尼亚州的费城举办了世博会。独立百年世博会特展在250多个展厅里展出了来自37个国家的特产。这次展览在历史上被认为是美国向世界展示自己是个工业强国，不过它也实实在在地给这一代美国人上了堂中国文化启蒙课。[13] 受欢迎的中国展厅里就有一套"用七个组件拼起来的巧桌"。[14] 当时这套七巧桌属于一位来自宁波名叫孙信耕的富商。不过这套七巧桌现在下落不明。

古董七巧桌非常罕见。除了以上我们提到的留园七巧桌和颐和园七巧桌，其他所知公共收藏的几套分别藏于美国马萨诸塞州塞勒姆市（Salem）的皮博迪埃塞克斯博物馆（Peabody Essex Museum）、印第安纳州布卢明顿的印第安纳大学图书馆的斯洛克姆益智游戏收藏（Slocum Puzzle Collection）[15]，以及中国台湾鹿港民俗博物馆。其他的七巧桌则藏于民间。

注 释

1 〔明〕戈汕：《蝶几谱》，朱启钤编：《存素堂校写几谱三种》，北平（北京）：中国营造学社，1934 年，第 1b–2a 页。朱启钤（1872–1964）祖籍贵州紫江，清晚期及民国早期著名政治家。20 世纪早期对北京建筑的重建有重大影响，曾建中国营造学社，资助梁思成（1901–1972）等人完成史上首次关于中国传统建筑技术的现代学术研究。朱启钤用借来的一套可拼成展柜的木质十四组件，整理绘出了《匡几图》。《存素堂校写几谱三种》包括《燕几图》《蝶几谱》和《匡几图》。

2 Jerry Slocum and Jack Botermans, *Puzzles Old and New: How to Make and Solve Them* (Seattle: University of Washington Press, 1986), p. 23.

3 田家青：《清代家具》，香港：生活·读书·新知三联书店（香港）有限公司，1995 年，第 204–205 页。

4 〔北宋〕黄伯思：《燕几图》，朱启钤：《存素堂校写几谱三种》，北平（北京）：中国营造学社，1934 年，第 1a–1b 页。

5 〔明〕戈汕：《蝶几谱》，第 1a–2b 页。

6 〔明〕李渔：《闲情偶寄》，西安：三秦出版社，1998 年，第 98 页。

7 王世襄：《明式家具研究》，香港：生活·读书·新知三联书店（香港）有限公司，1989 年，第 19 页。

8 郭正谊：《关于七巧图及其他》，《中国科技史料》1990 年第 3 期，第 93–95 页。

9 Fu Traing Wang and Chuan-Chih Hsiung, "A Theorem on the Tangram," *American Mathematical Monthly* 49, no. 9 (1942): pp. 596–599.

10 陈从周主编：《中国厅堂：江南篇》，上海：上海画报出版社，1994 年，第 67 页。

11 刘敦桢：《苏州古典园林》，北京：中国建筑工业出版社，1979 年，第 146 页。

12 陈文生，作者采访于 2009 年 4 月 22 日，北京。

13 John Rogers Haddad, *The Romance of China: Excursions to China in U.S. Culture, 1776–1876* (New York: Columbia University Press, 2008), chap. 9.

14 *Catalogue of the Chinese Imperial Maritime Customs Collection, at the United States International Exhibition, Philadelphia, 1876* (Shanghai: Statistical Department of the Inspectorate General of Customs, 1876), p. 17.

15 Jerry Slocum, *The Tangram Book* (New York: Sterling, 2003), p. 50.

七巧盘
Tangram
Dishes

粔籹饾餭，俗谓之糕点，谓之寒具，
而星罗棋布于瓷品之中，狀如七巧之版，
则谓之盘格，即俗所谓果盒者也。[1]

——陈浏，1906 年

七巧盘

张卫从小在中国长大,儿时最盼望的就是过春节。在这一年中最长也是最热闹喜庆的传统节日里,人们走亲访友互相拜年,并拿出盛满糖果蜜饯瓜子小吃的果盘来招待客人。讲究一些的人家用的是贵重的攒盘,而且非到重大节日不会轻易拿出来使用。比较普遍的攒盘的样式是中间有个小圆盘,由一圈互相对称的盘子围绕着。不过清嘉庆年间至民国时期出现了七巧造型的攒盘。七巧攒盘有大有小,有深有浅,材料不一;从瓷器、漆器、木制、广东珐琅和景泰蓝到其他材料的都有。

木制七巧攒盘及用途
19 世纪
山东
盘边长 29.9 厘米、
高 2.9 厘米

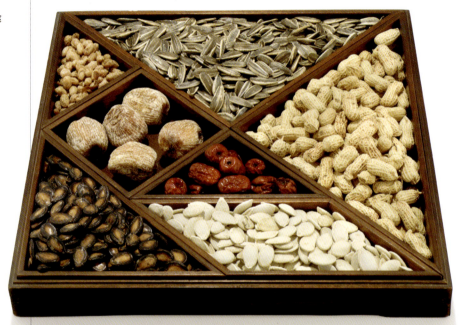

1998 年 10 月我们去黄山游玩时,住在屯溪老城明清街一带。周边到处都是特产商店,以卖砚台、宣纸、文房四宝的为主,也零零星星夹杂了几个小古董店。

最大的收获是在屯溪的最后一个下午去的那个公家的文物商店。店里琳琅满目地摆满了货真价实的古玩旧货,尤其吸引我们的是一套带盒的七巧漆器攒盘。七个攒盘的盘底与漆盒外围均镶嵌了螺钿,每个攒盘的盘口边沿都精致整齐地嵌满了菱形的小螺钿。盒盖内写于 1988 年的标签显示这套攒盘是光绪年间的。当时我们刚刚开始收藏中国古典益智游戏,还从未见过这样的攒盘,所以暗暗决定离开屯溪前一定要拿下。

与文物商店经理刘伯谦磨了半天之后终于在一个双方都能接受的价位上

嵌螺钿七巧漆攒盘及外盒
清光绪
安徽
盒边长 28.2 厘米、
高 9 厘米

成了交。别忘了这可是二十年前，没人听说过什么信用卡，一切都是现金交易。我们身上的人民币不够，便提出部分用美元支付。当年外汇尤其是美元很抢手，但在这个比较闭塞的安徽小镇，外汇没多大用处，更别提当天是周日，银行歇业，而且我们还得连夜赶往江西景德镇！

幸好刘伯谦和张卫灵机一动，由于坐火车去景德镇只需四个小时，双方同意在交了定金后由专人把这套七巧攒盘送到景德镇完成交易。两天后刘伯谦与同事带着七巧攒盘和一张正式发票如约而至。我们四个人挤到一辆小破出租车里直奔景德镇的中国银行。迫不及待地兑换了人民币后，我们一手交钱一手交货，皆大欢喜。

瓷制七巧攒盘

收藏的头几年,我们总会去北京华夏文物商店逛逛。这个店在东琉璃厂著名的古玩街路口,是北京市政府经营的。那时候国内大部分的古玩文物都是由省、市级的文物商店经销。店里的东西不但丰富,而且没有赝品,除了个别情况给予一些小折扣外一律不讲价。如今国营文物商店虽然没有完全消失,但是好货所剩无几,价格望尘莫及,就连这些商店自己都快成古董了。

有一天,玻璃柜里的一个方木盒子引起了张卫的注意。当店员将盒子从柜中取出,放在柜台上,打开盒盖时,我俩不由得倒吸一口气。盒内是一套清末民初的瓷器浅盘,每个七巧盘内都绘有花鸟缠枝、写有诗文。我们将七巧盘从盒子里取出,看到盒底有一个方形纸签。跟店里的郭经理商量了一会儿,拿到一个小折扣,这套七巧盘便被纳入我们日益庞大的艺智堂收藏。从那以后,我养成了见到方形的盒子都要打开看看的习惯。

花鸟诗文七巧瓷盘及纸签
19 世纪末至 20 世纪初
江西景德镇
盘边长 21.7 厘米、
高 1.7 厘米

从 19 世纪到 20 世纪初，七巧盘不仅在中国流行，在西洋也同样受欢迎。在美国找到迎合西方人口味的七巧攒盘并不罕见。2002 年，通过拍卖我们成功地买到了一套较大的道光年间的外销瓷七巧浅盘。这套七巧盘合适地放在一个带盖的红木匣子里，曾经被研究美国和英国社保的专家卡尔·德·施魏尼茨（Karl de Schweinitz，1887–1975）教授和夫人所拥有。每个瓷盘的外侧上用红彩画有"岁寒三友"松、竹、梅；盘内的底面上绘有色彩斑斓的蝴蝶花果，在白色背景的衬托下十分亮丽。

"蝴"与"福"在一些中国南方的方言中同音，这种"蝶恋花"的设计象征着欢乐、爱情、好运，在中国传统婚礼上很常见。[2] 从匣子里找到的一张祝福卡片恰恰印证了这是德·施魏尼茨夫妇给他们好友的新婚礼物。

外销彩瓷七巧盘
清道光
江西景德镇
盘边长 29.3 厘米、
高 2.7 厘米

七巧盘　155

珐琅彩花果七巧瓷盘
清同治 江西景德镇
盘边长 26 厘米、
高 7.7 厘米

我们在旧金山邦瀚斯拍卖会上购得一套同治七巧攒盘，上面的彩绘让我们的朋友旧金山亚洲艺术博物馆中国装饰美术部原主任谢瑞华（Terese Bartholomew）和她的植物学家丈夫贝洛（Bruce Bartholomew）惊喜不已。他们从这个攒盘上的一百六十多个花卉图案中，辨认出几十种花植，还有一些画工们自己想象的奇花异草。

桂花　翠菊　梅花

牵牛花　　　　绣球

　　　茶花

荷花　海棠果　秋海棠

七巧盘

几年下来，我们发现瓷器七巧攒盘基本有两种尺寸：不是 1 至 3 厘米高的浅盘，就是 7 至 8 厘米高的深盘。2002 年，伦敦资深古玩商斯图尔特·马钱特（Stuart Marchant）为我们找到一套十分有意思的七巧浅盘。每个盘内的白釉底面上都绘有来自《无双谱》的彩釉人物。《无双谱》最初由画家金古良在 1694 年刻绘出版，里面包括从汉代到宋代的四十个男女历史人物画像及事迹题字。[3]

这套七巧浅盘内的七个人物，大多是著名的将军或政治人物，但也有像严子陵（严光，约公元41年卒）那样的隐士。严子陵与刘秀（公元前5–公元57）在长安同窗读书时结为密友。刘秀成为汉光武帝后多次试图说服严子陵在朝廷担任高官，但被婉拒，并从此隐姓埋名、退居富春山。七巧盘中的平行四边形盘内画的严子陵是一个身披蓑笠、自得其乐的渔翁形象。

严子陵

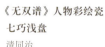

《无双谱》人物彩绘瓷
七巧浅盘

清同治
江西景德镇
盘边长 28.9 厘米、
高 2.5 厘米

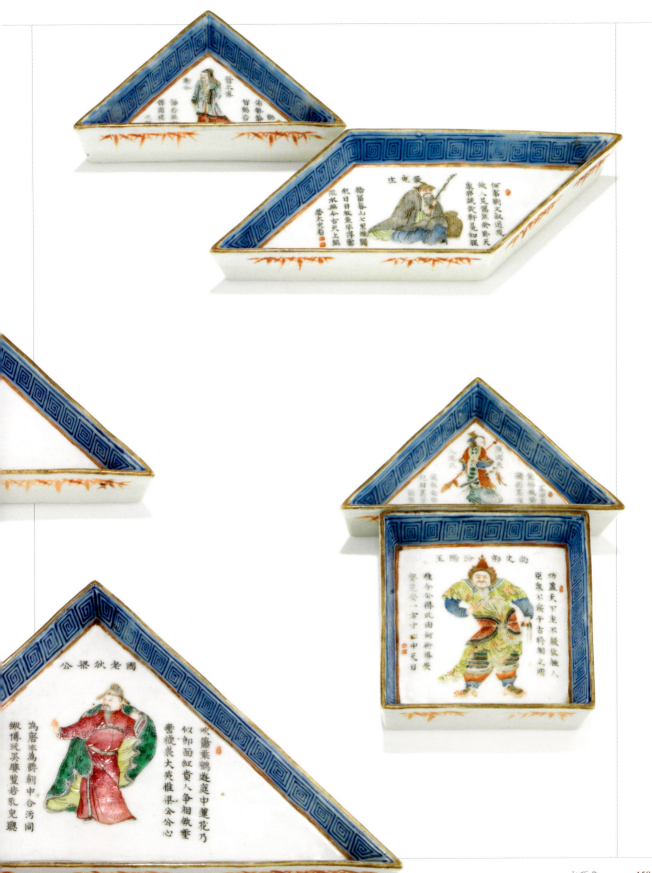

七巧盘

《无双谱》人物彩绘瓷七巧深盘

清同治
江西景德镇
盘边长 26.5 厘米、
高 7.8 厘米

我们从加州洛杉矶拍卖得来的另一套《无双谱》人物七巧深攒盘外围则绘有三十个人物,包括经学家伏生(约公元前260–前161)、外交家张骞(约公元前164–前114)以及中国第一位女历史学家班昭(45–116)等。这套七巧盘还带有一个优雅的底座。

带底座的七巧盘很少见，这套盘子的底座是我们所有七巧盘的底座中最漂亮的。

珐琅彩七巧瓷盘
清同治
江西景德镇
盘边长 28.2 厘米、
高 7.3 厘米

2000年初,我们在香港短暂停留,并从保罗·李(Paul Li)那里买到了他从父亲那里继承来的两套精美的七巧板。不久,保罗·李又给我们寄了封信,随信还附了几张七巧盘的照片,说这套七巧深盘也是其先父的藏品。保罗·李认为这套七巧盘烧制于道光至同治年间,并做了这样详细的描述:

> 每个七巧盘的外侧面用不透明的珐琅彩绘有莲花缠枝、白色蝙蝠和描金寿字,衬托在深蓝色的背景里。上下分别由一排吉祥如意头图纹和一排杆状纹带点缀;盘内是均匀的浅孔雀蓝釉色;盘沿描金。

虽然保罗·李信里照片上的纹样比他的描述更加写真，真正的惊喜得等到货运到了加州才降临。不仅手工和品相远远超出我们的预期，连七巧盘的尺寸都让我们大吃一惊。七巧盘足有10厘米高，七个组件拼成的四方形边长居然有37厘米那么长——比我们收藏的任何一套七巧盘的体积都起码大两倍多，怎不让人喜出望外呢！七巧盘图文上的蝙蝠、寿字和如意纹合在一起的寓意是"福寿如意"。每个盘的底部有朱砂色的"友石雅制"落款。"友石雅制"一定是某位名士所有，真乃名副其实的"雅制"啊！

大型珐琅彩七巧瓷盘
清同治
江西景德镇
盘边长 36.8 厘米、
高 10 厘米

　　完整成套的七巧盘如今已很难寻觅了,就连那些原先偶尔碰得到的单独组件也越来越少见。我其实还挺喜欢那些不成套的单件,因为无论它们是否完整成套,与其他的七巧盘相比总有自己的独特之处。那时的景德镇工匠们就特别擅长根据客人的财力和口味、不断变化装饰的风格,不管是山水、书法、神话传说、花鸟蝴蝶还是文学戏剧人物,这些丰富多彩的图案和纹样告诉我们七巧攒盘在19世纪至20世纪初曾是多么的流行。令人不解的是,它们在中国瓷器史中却鲜被提及。

图案、纹样丰富多彩的
七巧瓷盘散件

七巧盘

宜兴紫砂七巧攒盘

上海的藏宝楼周末古玩市场位于方浜中路的一栋五层楼里，是我们每次去上海必定光顾的地方。固定的长期摊位店铺在一楼和夹层楼，周末摊位则分散在二楼和三楼，东西一般摆在大桌子上。四楼属于周末进城的农民，东西都摊在地上。这才是真正淘宝的地方。这些处于古玩食物链最底层的卖家不仅为古玩市场带来新鲜的东西，而且还非常愿意讨价还价。因此，星期六早上各路买家早早地聚集在四楼这个兵家必争之地，垂涎欲滴地围拢在穿着破旧的农民身边，虎视眈眈地看着他们慢吞吞地将物件一个个从包里拿出来，铺摆到地上。

2002年阳春三月的一个清晨，我和张卫凌晨5点起来乘车直奔藏宝楼。街面上的古玩小贩已被城管赶走了，但四楼两个烟雾缭绕的大厅里已经挤满了小贩和顾客。一圈下来我们收获不少，终于转为放松状态，去一楼的小店铺找我们的朋友傅勇。傅勇不负我望，在上海松江地区给我们找到了一套宜兴七巧攒盘，正给我们留着呢。

外面裸露着典型棕褐色宜兴陶胎的盘子由窄短的足托起，每个盘沿都有一圈回形纹，有的刻有梅枝或书法，两个小三角盘分别刻有"一树寒梅"和"神味清佳"，两个大三角盘都刻有制作者的款记"少山"。盘内挂白釉，有釉裂。长久使用后，细小的釉裂颜色加深，使得表面看起来呈灰色。好极了。买下！

宜兴紫砂七巧攒盘
20世纪初
江苏宜兴
盘边长25.5厘米、高2.5厘米

我们在江浙一带寻宝的时候还因为中国话的南腔北调闹了不少笑话。有次在常州，好不容易有了一条宜兴七巧攒盘的线索，说是在麻巷的文物商店里待售。在那个没有手机定位的年代，路在嘴边，我们一路走一路问："麻巷在哪里？"几个老大爷一齐抬手往前指。走过几个街口又问："麻巷在哪里？"几个大妈一齐扭头示意左转。再过了几条街我们接着问一个小伙子："麻巷在哪里？还远吗？"小伙子朝对面的寺庙努了努嘴，说："喏，里面！"我们一头雾水地走了进去，但除了个天宁宝塔，哪有什么麻巷？有个和尚坐在桌子后面，我们只好最后问了一遍："麻巷……"话还没说完，小师傅点点头："两块。"原来所有人都把"麻巷"误听成了"买香"！我和张卫反应过来后笑得直不起腰来。也是，再问不到麻巷在哪儿，我们真得买炷香问问佛祖了。

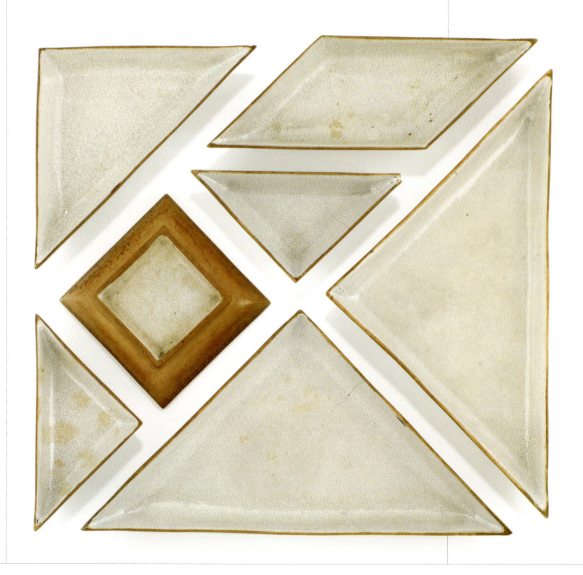

七巧盘

木制七巧攒盘

张书辉是北京最早学会网上交易的古董商之一。2002年夏,他发了封电子邮件,说是特意给我们留了一套黄杨木七巧盘,并附上了一张照片。几个月后我们终于在天坛附近红桥市场的三楼看到了这个七巧盘。

黄杨木七巧盘精美地雕满了各种吉祥图案、包浆漂亮。七巧盘的每一个组件都是整块黄杨木雕凿出来的,其中两个大三角形的组件分别被隔成两半,使得整套七巧盘有九个内盘。每个内盘的底面都有一个雕刻在圆框中的大字,八个字分别是:"福如东海、寿比南山。"第九个字是"禄"。正方形盘的底面则被凿成了寿桃的形状,中间刻有"寿"字,圆框外五只蝙蝠围绕着"寿"字,象征着"五福捧寿",这五福是:寿、富、康宁、攸好德、考终命。刻有"福""禄""寿"字的三个盘子拼连在一起,代表福星、禄星和寿星。其他几个组件的吉祥图案和寓意分别是:仙鹤荷花(加官晋爵)、喜鹊梅花(喜上眉梢)、梅花鹿(禄、长寿)、蝙蝠(福)、蝴蝶(长寿)和凤凰(吉瑞权贵)。还有比这更吉祥的物品吗?

美中不足的是这套七巧盘没有配套的底盘。两年后,在一个朋友的介绍下,我们在上海虹桥路王谨的店里找到了一个雅致的正方形的红木底托盘。这个托盘和那套黄杨木的七巧盘高矮合适,包浆的色调也一致。回到家以后,拿出来一看,黄杨木七巧盘放上去不大不小正好,间隙分毫不差,简直是天造地设的一般!

雕花黄杨木七巧盘
19世纪
盘边长26厘米、
高1.7厘米

七巧盘 169

每年我们回北京，早晨来的电话，不是送桶装水的就是帮我们淘到好货的古玩商。2014 年的一个早晨，我正在吃早饭，头上还包着浴巾的张卫接了个电话："喂？有套瘿木七巧盘，你们有兴趣吗？"手机传来北京古玩商王伯冬的声音："卖家要价太高，我买不下来。不过你们有兴趣的话，我带你们去看看。"

没多久我们就上了王伯冬的车，直奔城南的爱家收藏市场。这套七巧盘很大，七个组件的盘底以及外盒盖面是漂亮的瘿木，由楠木框起来。遗憾的

楠木嵌瘿木七巧攒盘及外盒
19 世纪
盒边长 42.5 厘米、高 9.5 厘米

是，由十三块瘿木拼合的盒面已经变形脱落，而且盒盖框也松散成了四块。但这样的七巧盘很稀有，我们也很喜欢，因此开始与卖家讲价。王伯冬讲的没错，卖家是个硬骨头，分毫不让，双方拉锯良久，陷入了僵局。最后还是王伯冬插了进来，两面哄说后最终谈成。买下来之后，我们将这套七巧盘送到北京古董家具商刘传生处，请他修复。再次到刘传生那里时，我们简直不敢相信那破旧的散件与眼前精美的七巧盘盒盖乃是同一物件！七巧盘修复得太棒了！

老杜的「香料盒」

故宫博物院在 1999 年 11 月举办了一个精彩的"清代宫廷包装艺术"展。展品除了从未展出过的故宫旧藏匣盒、箱柜和容器，还有一位法国建筑师、摄影师及商人杜泽林（François Dautresme，1925–2002）三十五年里在中国各地收集的大量传统包装物件。这个展览也是故宫第一次展出外国人的收藏。

我们错过了这个展览，但在第二年买到了展览图录。[4] 图录中的宫廷宝藏让我们惊叹不已，但杜泽林收藏的民俗日常用品的包装形式更令人难忘。它们实用、美观、巧妙的设计经过历史的沉淀，是中国人智慧的结晶。如结实耐用的手工搓成的草绳团、艺术地卷叠在一起的麻线渔网、用草绳包装的瓷制碗壶勺以及各种各样的盒、袋及笼子，等等。就在我们掀开倒数第二页的时候，我们喜出望外地发现了一个标记着"木质活动格子香料盒"的素面七巧攒盘。这个攒盘的设计独一无二，底座四周像从悬谷跌落下来的瀑布。

杜泽林的叔叔是名法国海员，在 20 世纪三四十年代常去中国。每一次回来杜泽林和堂妹就爱围在饭桌旁听他描述神秘而又迷人的中国。1963 年，长大后的杜泽林终于抓住一次机会，在中法建交前来到了他日思夜想的中国。从此他雷打不动、每年来中国三四次，每次起码都要住上一个月，一来就是三十九年。甚至在"文化大革命"期间，杜泽林也居然顶着个"有远见的资本家"的头衔，继续走遍中国。他一看到有意思的东西，不论贵贱大小，都要想尽办法买下来运回巴黎。1966 年，在"文革"爆发的时候他在巴黎成立了一家中国家居艺术装饰公司，销售他从中国收集的物件。"文革"后，他从"资本家"变成了"中国人民的老朋友"，上自博物馆馆长、下至小地摊摊主都爱叫他"老杜"，相比法国，中国似乎成了他更觉亲切的故乡。我自己是 80 年代中期来

故宫包装艺术展览图录
2000 年
故宫博物院编
《清代宫廷包装艺术》

红木七巧攒盘及雕花底盘
19 世纪
底盘边长 23.1 厘米

中国的，十分明白那些早期来华见证了中国变迁的外国人，对中国文化和淳朴民众的那些难以言喻的感情。

2002年，我和张卫在欧洲时顺道拜访了杜泽林。那是巴黎7月底的一个夏日，我们兴奋地聊了好久，原定二十分钟的约会拉长到两个小时还意犹未尽。杜泽林精神矍铄，一点儿也看不出像个快八十岁的老人，总有说不完的故事。我们提出看看他的收藏和那个"木质活动格子香料盒"，杜泽林遗憾地说，所有藏品已经打包装箱去了巴西圣保罗备展，第二天一大早他也得飞去巴西布展。"这样吧，"他送我们到门口时说，"等我回来！我们可以待到凌晨两点，聊个够、看个够！"

六个星期后的一个下午，我们在伯克利家中收到了一封晴天霹雳的信，杜泽林的堂妹在信中说："我很难过地告诉您，我们在圣保罗中国展览开幕的当天，杜泽林因突发心脏病于8月19日晚去世。您不久前寄来的照片尤为珍贵，这是他去世前最后一张在巴黎的留影。""老杜"享年七十七岁。

接下来的岁月里，杜泽林的7500件藏品封尘在巴黎郊外的一个库房里。杜泽林的堂妹一直希望这些历经三十九年点点滴滴收集来的藏品能一起进入博物馆，若回到中国则更好，但总是难以天遂人愿，阴差阳错让人失望，机会慢慢变得渺茫。在我们与杜泽林相见整十五年后的2017年7月，我们的合作伙伴兼摄影师刘念发信息说她这一段时间都在巴黎和杜泽林的堂妹在一起，那个"香料盒"还在，只不过它和所有杜泽林的收藏一起即将在巴黎被拍卖。盼了这么多年，结果如此，我们也只好"望盒兴叹"了。

拍卖前几天，刘念返美，我去旧金山机场接她。下了飞机刘念提议来伯克利我家吃早饭。不料一进门，刘念就径直去了厨房，从随身行李里抽出一个黑咕隆咚的东西放到了厨房桌子上。张卫正好刚起床，睡眼惺忪地去倒咖啡，连家里来了客人都不知道，看到桌上的物件不禁惊叫起来！居然是我们日思夜想的"香料盒"！那一刻我们三人仿佛都见到了天堂里杜泽林的笑容。原来经过数月的不懈努力，刘念终于在返美去机场前一刻意外地将这套"香料盒"从拍卖品清单中"解放"了出来。办妥手续后刘念不得已把半箱衣物扔在巴黎以换得行李空间，直奔机场却路遇罢工，差点误机，心急如焚的她根本来不及告诉我们这个好消息。

几天后，"香料盒"与我们一起，见证了杜泽林其余所有的藏品一件不剩地被成功拍卖。

杜泽林和他的"香料盒"
巴西圣保罗
2002年

漆器七巧攒盘

我们的这两套正方形木胎漆器七巧攒盘的尺寸完全一样,很可能出自一处。七件浅盘分两层置放在漆盒里;一层是五件小盘,另一层是两件大三角盘。

盘沿上了优雅的红漆的那套是在山西平遥古城淘到的。另一套的盒面嵌了极为精细的竹编面板,是一位原籍平遥的北京古玩商卖给我们的。

平遥作为漆器生产中心的历史可以追溯到唐朝,尤以描金黑漆器闻名。晚清至民国时期,平遥生产过漆器七巧攒盘。虽然现在平遥漆器业仍在蓬勃发展,我们尚未在平遥的漆器店里看到任何新制的七巧攒盘。

七巧漆攒盘及外盒
19 世纪末至 20 世纪初
山西平遥
长 18.8 厘米、
高 6.4 厘米

**七巧漆攒盘
及嵌有竹编面板的外盒**

19 世纪末至
20 世纪初
山西平遥
盒边长 19.5 厘米、
高 7 厘米

一般在乡村旧货集市发现一个不寻常的古旧益智游戏时，我们往往可以确认它是来自当地的。而大城市的古玩市场则是全中国、乃至欧洲、日本的古董集散地。我们这两套带盒漆器七巧攒盘，一套来自北京古玩城，另一套来自著名的上海南京路上的朵云轩古玩店。两个盒子不仅大小相同、盒盖表面和四周都镶嵌了螺钿，盒中的盘子还为了拿取方便都被分割成了小三角形。

北京的那套涂着深褐底色，表面除了螺钿还凸嵌有由黏土做的梅枝，立体感十足。枝梢上有螺钿构成的梅花和彩凤。七个盘子加了分隔框。上海的那套盒盖几乎被满满的惟妙惟肖的螺钿人物、山水、城池、湖塔、树木和岩石所覆盖，表面处理得平整光滑，完美无瑕。

那么购自北京、上海的这两套七巧攒盘真的分别来自北方和南方吗？大家是怎么认为的呢？

七巧漆攒盘
及嵌螺钿外盒
19 世纪末至 20 世纪初
盒边长 28.5 厘米、
高 6.3 厘米

**七巧漆攒盘
及嵌螺钿外盒**

19 世纪末至 20 世纪初
盒边长 28.2 厘米、
高 7 厘米

七巧盘

我们找到的七巧攒盘基本上都是瓷、广州珐琅、木制（也有木胎漆器）的，但这套漆器除了盒底板及盒框是木制，其余部分全为少见的皮胎。用皮革作胎骨的漆器早在商代就出现了。皮革坚韧柔软、容易做成需要的形状，且不易开裂，涂上漆后更美观。这套七巧攒盘有个外红内黑的盒子，盒盖细线描金，极其漂亮。盒盖中间的四爪金龙腾云戏珠，活灵活现，四角有长笛花篮、宝剑玉板、葫芦荷花、扇子鱼鼓等暗八仙纹饰。这个七巧攒盘在过去很可能是特殊场合才会拿出来使用的。

**红色漆器皮胎木底
七巧攒盘及外盒**
19 世纪末至 20 世纪初
盒边长 26.5 厘米、
高 7.3 厘米

便于携带的七巧盘可不多见,这是我们唯一拥有的一套。卖家宋四成就是帮我们找到已知世界最早七巧板书籍的那位北京古董商。七个攒盘各自带盖,分两层放在屉箱里的正方形托盘上。屉箱上方有两个黄铜提手,让人不禁联想过去主人是不是经常把点心放在里面,提着它出去串门子。每个盘子盖上都画了一束幽兰,屉箱上则画了梅、兰、竹、菊,[5]屉箱的插门板上则有风景画及(仿古)印章纹。

很难想象,我们收藏里的漆器七巧攒盘全都是开始收藏的那几年买到的。当年随处可见的宝贝,现在打着灯笼也寻不着几个喽!

黄铜提手漆器木屉箱及七巧盖盒
民国
屉箱边长 25.2 厘米、高 12.2 厘米

广州珐琅七巧攒盘

法轮

法螺

宝伞

华盖

莲花

宝瓶

双鱼

盘长

2001年夏,在伦敦公园巷大酒店举办的国际陶瓷博览会一开门,我们就和许多在外等候多时的买家迫不及待地走了进去。张卫和我兵分两路,试图以最快速度包抄展会。我首先在左厅看到一套躺在原装盒子里的大型广州珐琅七巧盘,然而来自布鲁塞尔的店主乔治·拉米(Georges Lamy)要价不菲,我只好焦急地拿着这套攒盘等张卫过来。讲价还是中国太太在行,几个来回之后我们终于喜滋滋地把攒盘抱回了家。

康熙晚期,法国传教士将欧洲的铜胎画珐琅技术带到中国。由于最早在广州制作,因此被称为"广州珐琅"(Canton enamel)。攒盘绿松石底色的珐琅经过烧制,仅在攒盘边沿和底部凸起的地方露出铜胎。给盘子的内面绘上装饰图案后还需第二次烧制。这套七巧攒盘很浅而且尺寸如此之大,以至于其中的两只大三角盘被对等隔开,因而这套七巧攒盘实际上有九个浅格盘。除了正方形盘内是头戴蝙蝠的寿字以外,其余的盘内装饰为象征佛教威力的吉祥八宝,分别是:法轮(佛法无边)、法螺(普度众生)、宝伞(佛法传播)、华盖(佛顶障魔)、莲花(神圣纯洁)、宝瓶(利益众生)、双鱼(慧眼众生)和盘长(长承久传)。

不知是否由于法国人更青睐佛教图案,我们陆续买到的三套几乎一模一样的吉祥八宝广东珐琅七巧攒盘都来自法国,包括乔治·拉米的这一套。后来的两套分别购自上海的两个古玩商,但是盘底的标签显示它们来自巴黎的拍卖会。

吉祥八宝广东珐琅七巧盘
19世纪　广州
盘边长33厘米、高1.8厘米

广州珐琅七巧攒盘在中国同样受欢迎，以下是我 2004 年 4 月 7 日旅行日记的节录：

江苏扬州：我们第一次结识王先生是在 1999 年，在扬州他的木匠工作室里。在这个清代的老建筑里，每间屋子都被杂乱无章的老家具塞得满满当当，勉强空出点地方留给手下的木匠们干活，甚至还能挤出地方生火做饭过日子，太不可思议了。王先生令我印象深刻，在翻看我们的收藏手册的时候不断提问，毫不掩饰对我们益智游戏藏品的强烈好奇心。我还记得当王先生慢悠悠地带着我参观他堆积如山的老家具时，张卫一个人在门口等得有多不耐烦。但我们俩谁也没料到五年之后王先生会突然联系我们，说他有一套不寻常的广东珐琅七巧盘。

昨天早晨我们在扬州老区穿街走巷去看那套七巧盘。一阵寒暄之后，王先生把那套七巧盘的主人介绍给我们认识。我们一起上了阁楼，窗外一片老房青瓦的江南景象。大家坐下来继续喝茶聊天，王先生再次真诚地表达了他对我们收藏的兴趣。半个小时之后我再也忍不住了。"那套七巧盘呢？"我直奔主题。七巧盘这才终于被端上了楼。王先生的朋友面有难色地说这是他做盐商的祖上传下来的，到他已经是好几代了，想了半天还是决定忍痛割爱算了。

卖家小心翼翼地把货拿出来给我们过目。七个组件个个完好无损，跟我们期望的一样好。七巧盘的每个组件底部都上了一层绿松色的珐琅，上面又画上了一层色彩斑斓的锦簇花团。虽然我们对七巧盘很满意，装盘子的黑漆方匣子的盖子上却满是粗制滥造的石雕，别扭极了。张卫一如既往地不留情面，突然问道："匣子盖儿上那些丑石头是谁贴上去的？难看死了！"还没等卖方开口，张卫就一手把一块石雕掰了下来，生气地呛了句："是你干的吧！硬是把这么好端端的盒子给毁了！"一看胶水的新鲜样儿，谁都知道是某人当天早晨才慌慌忙忙粘上去的。

卖家又是赔礼又是道歉，说是为了让黑漆盒子看起来不那么"平淡无奇"，一时糊涂竟想出了这么个傻主意！还是消消气，大家做个生意嘛。张卫叹了口气，说那你开个价吧。尴尬地憋了好几分钟后，卖家打破了沉默："两万两千美金！"我们倒吸一口凉气，差点没从凳子上跌下来。他紧接着说："我小儿子要去澳大利亚，凑点学费生活费……"老天爷，他把我们当印钞机了！这可是中国古玩价格远未飙升的 2004 年！

卖家走后王先生告诉我们，当地一个牙膏生产商曾经出价五万到六万元他没肯卖。我们很喜欢那套广东珐琅七巧盘，但是这次扬州还是白跑了一趟。

六个月后我们又回到了扬州，王先生跑到酒店来告诉我们那套广东珐琅七巧盘还在；卖主让他带个信儿：五万块！一分也不能少！但是几经交流后，这位仁兄总算想通了，以合理的价格把七巧盘卖给了我们，皆大欢喜。

锦簇花团图样
广东珐琅七巧盘
19 世纪
广州
盘边长 26.4 厘米、高 2 厘米

七巧墨盒

过去人们用毛笔写字，一般都是用砚台研墨。后来发明了墨盒，用来盛放研好的墨汁，这样使用方便。尽管书法家们仍然喜欢用新研的墨汁，便携式墨盒对于日常书写或外出使用至关重要。墨盒由木、金属、瓷或玉制成。在嘉庆、道光年间，铜制刻有字画的墨盒备受文人欢迎，现在更是深受藏家们的喜爱。

2001年，我们在台北"中央"图书馆里的一个小型民间收藏展览内看到了一套小巧的黄铜制七巧板造型的墨盒。墨盒放在一个方形盒子里，盒盖上有一个钱币镂雕和制造的标志。[6] 我们见到的墨盒通常是矩形、圆形或图案形状，如树叶、折扇、葫芦或蝴蝶。七巧板造型的墨盒还是第一次见到。

第二年，我们在北京古玩城惊讶地看到一个平行四边形的黄铜墨盒，这只墨盒的尺寸与台北那套七巧墨盒里的平行四边形尺寸完全相同。不同的是台北的七巧墨盒产于民国时期，而北京这件造于晚清。我们赶紧将这个墨盒买了下来，希望还能遇到其余的那六件配成套。

刻铜墨盒
清末
高 3.4 厘米

墨盒盖面上刻有元代诗人、画家及书法家赵孟頫写的《兰亭帖十三跋》中的第一跋。《兰亭帖十三跋》是赵孟頫研习《定武兰亭》墨拓本的心得，而《定武兰亭》又是王羲之《兰亭序》帖最著名的石刻之一。墨盒盖上的121个字，刻写极其精美，每个字居然连2毫米都不到，真是件可遇不可求的精品。在接下来的十七年里，我们再未发现过其他七巧板造型的墨盒。这个墨盒到底是一套七巧墨盒中的一个组件，还是我们的七巧幻想呢？

七巧"小杯"

我们收集七巧盘，不管尺寸款式，总是多多益善，从不嫌多！2004年，我们在华盛顿特区附近的一个拍卖会上发现了四个粉彩七巧形状的"杯子"，分别是两个小三角形、一个正方形和一个平行四边形。无奈的是，就像以前在中国菜市场买瘦肉就得搭买肥肉和骨头一样，与这四个杯子一起捆绑拍卖的还有六个瓷盘和一个瓷瓶——好像嫌我家瓷器不够多一样！

杯子十分小巧、杯沿描金、杯座短窄。每个杯面都绘有手持乐器、扇子、镜子或吉祥物的仕女。难以确定这些杯子是用来饮酒的还是有其他用途。缺失的七巧杯组件应该还包括三个较大的三角形杯子。但拿大件三角杯喝酒是不是很别扭呢？无论如何，在真正弄清楚它们的用途前，这就是我们宠爱有加的七巧"小杯"。

粉彩瓷七巧杯
19世纪末
江西景德镇
高5厘米

七巧造型的调色盘

2002年春的一天，在我们走进北京琉璃厂东街的海王村古玩市场之前，古玩商王伯冬早早地就把各处搜来的宝贝给我们准备好了。别的不说，最让人侧目的是那套同治时期小得放不下零食的七巧瓷盘。组件放在配套的瓷匣子里，少了一个小三角组件，剩下的组件尤其是边角处也被磕碰了不少。很显然这套盘子过去经常被使用，是做什么的呢？答案就在这些小七巧盘的角缝里，我们居然发现了颜料！原来这套小小的七巧盘盛的是数不清的色彩。

瓷盒盖面和四周皆为白底五彩。盖面中央是一个描金凸方框，框外是橘色缠枝纹，框内为描金圆形寿纹和围绕着的五只橘色蝙蝠，寓意是"五福捧寿"。很幸运能把这套特殊的七巧颜料盘纳入我们的收藏。

又过了五年，我们重返苏州参观贝聿铭设计的新苏州博物馆。博物馆附近是一条新建的古玩街，我们也是第一次来这儿。走进一个店铺里，我四面看看，不经意地问店主他是否有七巧板游戏。"有的。"店主回答说，并从柜架上取下一个小巧的方形瓷盒。他打开盒盖，我们吃惊地看到里面装的是一套白色的七巧调色瓷盘，跟我们从王伯冬处买到的是一样的。当然，不同的是这套瓷盘保存得完好、十分完整。店主自豪地告诉我们，这套瓷盘来自苏州西南东山原来的一个富贵人家。怪不得品相极佳！

回到家中后，我们将这两套七巧调色盘摆在一起做对比：真的是一个模子里做出来的，不仅尺寸和外形一样，连盒盖面上的描金凸方框也是一模一样的。不同之处是盒盖上的绘画：北京买的那套图案是对称的传统纹样、色彩多样；而苏州买的这套则是一幅袖珍的只用少许橘红点缀的白底水墨画，旁边有题词和朱砂红的落款印章。

画的主角是几根竹子旁边优哉游哉的四只鹅。边上的题词写的是"虚谷仁兄大人正"，意即献给尊敬的虚谷大人。虚谷（1823—1896）是著名的画家和诗人，也是一位退了军职遁入空门的和尚，在苏州和上海之间来往频繁。虽然虚谷极少画神灵方面的主题，但他却能把人世间极普通的万物，如花草树木、人兽鱼虫甚至食物都画出灵性来。[7] 从题词来看，这套七巧调色盘是一位朋友或施主给虚谷定做的礼物；而北京那套则应该是普通人的礼物。

**蝙蝠寿字图样
七巧调色瓷盘**

清同治至光绪
江西景德镇
盒边长 10.5 厘米、
高 3.6 厘米

**致"虚谷大人"的
七巧调色瓷盘**

清同治至光绪
江西景德镇
盒边长 10.5 厘米、
高 3.6 厘米

还有一套与众不同的七巧颜料盘是 2010 年从北京古玩城购得的。七个组件排成了一个长方形，而不是常见的正方形，放置在木盒内。木盒和盒盖都是用一整块楠木挖空制成。每个"盘"实为 1.2 厘米厚的支钉烧瓷块，凹进去的部分即是用来蘸颜料的。可爱之处是工匠们用模子把凹处压成了桃子、甜瓜、蝴蝶、蝙蝠等中国传统吉祥图案的样式。

七巧颜料瓷盘及楠木外盒
清同治至光绪
江西景德镇
盒边长 15.5 厘米、
高 2.1 厘米

宜兴紫砂七巧格调色盘
清光绪
江苏宜兴
盘边长 10.2 厘米、
高 1.1 厘米

有的时候，失去一些原来设计的功能是为演化成一种象征艺术。这件 1999 年我们在苏州文物商店常熟分店发现的不寻常的调色盘便是一个很好的示例。

这个小调色盘是光绪年间用宜兴附近的紫砂泥制作的。它与众不同的地方在于这个七巧调色盘从形状不一、可以移动的七个小组件演化成了一个被貌似七巧图案的条纹隔开了的方形调色盘。调色盘每一格都凹进去，挂釉的灰色裂纹与没有挂釉的耸起的边沿相映成趣。调色盘的背面刻有蒋姓制作者名字的旗帜。

这个例子给我们生动地展示了七巧的演变：（一）从经常变换组合的游戏，到（二）组件被放到底座上却极少挪动的果盘或颜料盘，最后成为（三）貌似七巧却不能移动的格子。

正如一位北京古玩商给我们找到的这个七巧漆盒所显示的：虽然还是用来盛放糖果点心，被隔成了七巧的样子，但并没有可以移动的组件。

调色盘和七巧格果盘这两个生活中的实例告诉我们，七巧在 19 世纪不仅是老少咸宜的游戏，还是深受各个阶层喜爱的生活物品。如今七巧作为平面设计元素，开始第四次进化，但又有多少人能知道，这些静态的二维图形，竟是从益智游戏演化而来的呢？

注 释

1　〔清〕陈浏:《匋雅》，1910 年，第 3b 页。陈浏在书中说，绝大多数七巧盘都是乾隆年间的。但是他似乎没有把有七个组件的七巧盘与传统的中国九个组件的果盘区别开来。七巧盘在 19 世纪前并没有在中国出现。也许陈浏只是把所有几何形状组合的盘子统称为七巧盘吧。

2　Terese Tse Bartholomew, *Hidden Meanings in Chinese Art* (San Francisco: Asian Art Museum, 2006), p. 41.

3　〔清〕金古良：《无双谱》，北京：中国书店，1996 年。

4　杨新、戴浩石：《清代宫廷包装艺术》，北京：紫禁城出版社，2000 年。

5　梅、兰、竹、菊在中国绘画中被称为四君子，是气节崇高的象征。它们同时又分别象征着冬、春、夏、秋四季。

6　《"中央"图书馆台湾分馆珍藏民俗器物图录》，台北："中央"图书馆台湾分馆，1984 年，第 56 页。

7　Jung Ying Tsao, *The Paintings of Xugu and Qi Baishi* (San Francisco: Far East Fine Arts, 1993), p. 46.

被隔成七巧造型的漆木果盘
19 世纪末至 20 世纪初
中国北方
盒边长 29.5 厘米

益智图
YiZhi Diagrams

这是孩子们的玩具,也是成年人的益智游戏。从皇宫里的太后、公主到寻常百姓家的孩子,各个社会阶层人们都玩它。[1]

——何德兰(Isaac Taylor Headland),1914 年

童叶庚的益智图

在七巧板书籍问世五十年后的 1862 年，童叶庚（1828–1899）发明了一种将正方形切割成十五个板块的拼板新游戏。[2] 童叶庚的祖籍是上海崇明，后客居杭州。他用毕生的精力创作出各种十五巧的生动优雅的图案，并将这些图案汇编成册出版刊行。童叶庚将这个组合游戏命名为"益智图"。

与其前身燕几、蝶几及七巧板不同的是，童叶庚发明的十五巧拼板中有

童叶庚在 1862 年创造的十五巧益智板游戏
清光绪四年（1878）
童叶庚著《益智图》

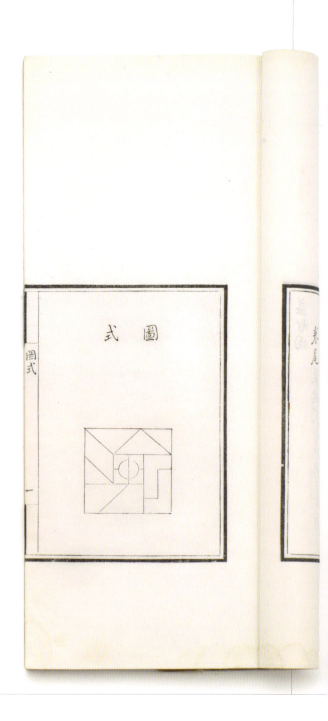

六块带弧形。这些有弧形的拼板不仅使图案更生动，而且能更精准地拼出器物、动物、人物、山水，甚至汉字。由于童叶庚精通诗歌、文学、书法和绘画，他用十五巧益智板栩栩如生地拼出了许多经典诗文的意境插图。

自从 1998 年我和张卫在复旦大学图书馆古籍部第一次看到童叶庚的《益智图》那天起，我们就一直渴望买到这套书。

花间一壶酒，独酌无相亲。
举杯邀明月，对影成三人。
——〔唐〕李白《月下独酌》

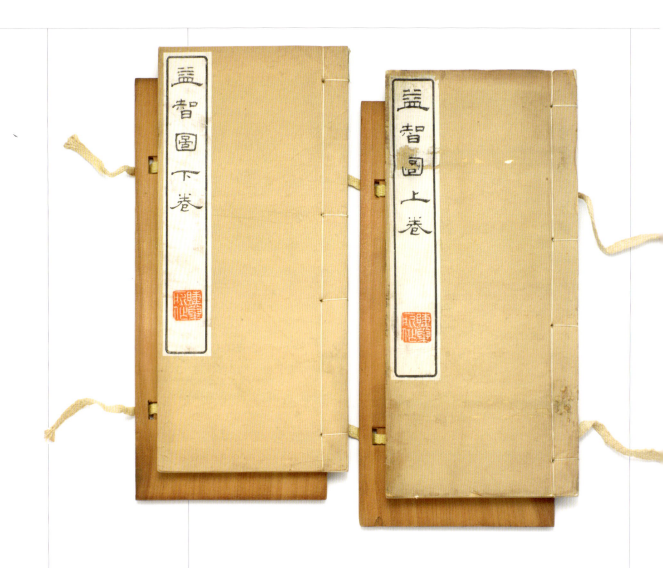

**带有童叶庚钤印的
《益智图》上下卷**
清光绪四年（1878）
童叶庚著《益智图》

"睫巢所作"白文印

1999年，我们去拜访上海风情收藏家张剑明，碰巧那天他在豫园附近的老上海茶馆开张，我们成了他最早接待的客人。张剑明以正宗的卡布奇诺款待我们，那会儿，就连在上海这样的一线城市都很少见新鲜煮制的咖啡呢。我们坐在一个靠窗的位置，轻飘着怀旧歌曲的茶馆和窗外熙攘喧闹的街景相映成趣。一阵寒暄之后，张剑明小心翼翼地拿出一件东西给我们看。解开棉线绳，打开木夹一看，里面竟是两册我们梦寐以求的《益智图》！这套书于1878年在杭州出版印刷，每卷浮签下方都钤有一方童叶庚的私印。第一卷是用益智板拼出的优雅的经典诗文场景轮廓。第二卷则是文房四宝与一些汉字的拼图轮廓。东西好极了，但价格也贵极了。张卫几乎是咬着牙把书款一张一张点给张剑明的。直到几年后我们得知带有童叶庚钤印的首印版只有一百套时，张卫这才喜笑颜开。

童叶庚自称睫巢主人（有时也自称巢睫山人），在此书的自序里，讲述了他解甲还乡，因足疾困在家中，本想寄情于书画，但居室狭小无法铺展；想读书，家中书已毁且无处可借，苦闷中偶然看到他的孩子们玩的各种游戏，折纸翻绳，变幻无穷，启发了他在七巧板的基础之上创作益智图游戏：

> 睫巢主人辞柯山，泛瀛海，出戎马，归乡园。家人妇子久离忽聚，怡怡如也。时当长夏，闭门却俗。因病足居小楼，卧榻外无隙地，倚窗危坐，膝促于几，背贴于床，思弄翰墨，苦难展施旧藏卷帙。已遭祖龙之厄，此间又无荆州可借，觉胸次尘俗渐萌。是扰极喜静，静复苦寂矣。正欲从岑寂中生消遣法，偶见儿辈嬉戏，折方寸纸，肖冠履猿鸟之形。又以线缕绕指，挑作花绷锦帕诸式。思致层出不穷，顾而乐之。既而谓曰：是可以意会而不能迹传者，乃用心于无用之地也。曷勿运巧思于有迹处，以自娱者娱人耶。
>
> 于焉摹《七巧图》，有智而加益之法，太极两仪四象八卦之目为十有五事，合之成一方，散则备尖斜曲直圆缺诸体。初图百器，似落旧制窠臼，弃而不录。改作山水人物，摘诗句及故事题之，绘为一册。此自娱而兼可娱人者也。名之曰《益智图》，亦足开发心思。因记其缘起如此。
>
> 同治元年岁次壬戌秋七月朔（1862）。巢睫山人（童叶庚）志。[3]

铜镜

童叶庚抚铜镜小影

童叶庚根据《易经》太极两仪四象八卦的二进位制的数列一、二、四、八，创作了板块形状游戏：一个平行四边形、两个半圆形、四个四分之一的外方内弧形和八个（四对）多边形，加起来正好十五片；合起来可以拼出一个正方形，散开又不乏尖角、直斜、圆缺等各类形状。一开始童叶庚参照七巧板图拼百器，后来觉得没有独创风格，落了窠臼，于是改作山水人物，并配以诗句和故事题材，创作出一个图册，名曰《益智图》。童叶庚就是这样创作了这个既可以自娱自乐，又可以供他人娱乐、开发心智的游戏。

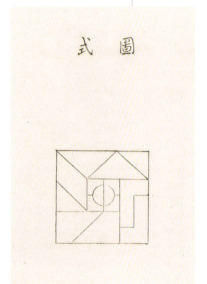 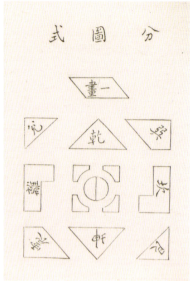 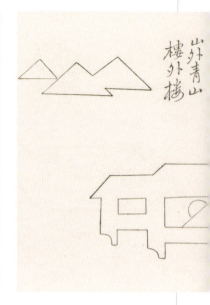

"山水人物，
摘诗句及故事题之"
清光绪四年（1878）
童叶庚著《益智图》

发明益智板十六年以后的1878年，童叶庚为出版《益智图》重新誊写旧页、准备印图付梓。当时幼子来宝才六岁，跟随兄长白天读书、夜晚摆弄图板，拼出个新图形便会欢呼雀跃，还让他最小的哥哥勾勒出他创作的图样，装订成册，乐而忘寝。长兄则教他勾股配搭，五个兄弟争相创作新图，有时候一整天也没有灵感，有时候片刻就能拼出几个来，两个月就积攒了许多图样。童叶庚儿子们的创意和巧思，令他十分欣慰。略加删改后，童叶庚把这些图样编辑成《益智续图》，并在弁言里描述了全家上下乐此不疲的场景：

> 戊寅春暮，密雨连旬。闲坐萧斋，无可遣闷。翻阅旧制《益智图》，重写一通，拟付手民。幼子来宝，年甫六岁，见图而悦之。昼就其伯兄读书，夜则于灯下摆弄图版（板），粗得象形，辄踊跃欢笑。裁寸楮订小册，强其季兄为之钩摹，口指手画，乐而忘寝。伯子因教以勾弦（勾股）配搭之法，就其易识之物以作图。适仲叔二子自吴门（苏州）归，复各出新意，争奇斗胜。或竟夕不成一图，或片刻忽成数图。阅两月而积稿盈帙，余喜诸子举一反三，尚有思致，为略加删改，辑而存之。[4]

童叶庚在弁言里提到的来宝是他的幼子童晨，后改名童大年（1872–1953）。他六岁就开始学习治印，后来成为著名的篆刻家、画家和书法家，还是创建于1904年的杭州西泠印社的早期社员。来宝的四个哥哥童昂、童昶、童晏、童昇后来在学术界、艺术界也都颇有成就。这都与在童叶庚的熏陶下，

玩益智板游戏、剪纸拼图、沉浸创意不无关系。

除了各种图形外,《益智图》下卷还收录了用十五巧益智板拼成的"长""寿"印章纹。这两个章纹的图解来自 1897 年出版的六册《十五巧益智图》汇编。[5]

红木制黄锦缎内衬盒装十五巧益智板
清末
北京
盒边长 14.5 厘米

「解嘲」

童叶庚的《益智图》出版后很受欢迎,人们争相传玩,1881年又出了第二版,但他也受到了批评。有位客人来访时说他博学多才,琴棋书画诗词歌曲样样都行,钻研其中任何一项都能成名,为何玩物丧志不务正业,实在是太可惜了。童叶庚说,那些艺术不管是哪一项历史上都有登峰造极的人,他花费毕生的精力也只能看着那些前贤的背影望尘莫及,更别提超过他们了。自己创作的游戏虽然微不足道,但其生动可喜堪比峦翠居的《七巧图合璧》,甚至有过之而无不及。古今中外第一次出现这样的游戏,喜爱益智游戏的智者和闺秀们又多了一种消遣,世人将来溯源时会说:"这是睫巢创造的。"这难道不比在其他技艺方面步人后尘、拾人余唾要强吗?客人无言以对,只好退去。

1880年,在他的百鉴斋书房里,童叶庚把他的经历写成了一篇与其号"睫巢"谐音的文章"解嘲",来反驳质疑嘲笑他的人,并收录在后来出版的《益智续图》中:

> 睫巢刊《益智图》成,海内争相传玩。有客见而訾之曰:"以子博学多闻,出风入雅,何不究心于书画琴棋诗词歌曲,执一艺以成名?而乃逞其私智,作为无益,徒以玩物丧志,岂不大可惜哉!"
>
> 睫巢哑然笑曰:"子言诚是,然之数艺者,古今来不乏传人。如书有钟、王,画有陆、顾,琴有俞伯牙,棋有王积薪,诗有李、杜,词有苏、辛,曲有高则诚、王实甫矣。即殚毕生之精力而欲追踪前贤,犹恐瞠乎其后,何况驾而上之哉。斯图本一时游戏之作,固无足观,然其生动

童叶庚用益智图拼成的"长""寿"章纹及其拼解图

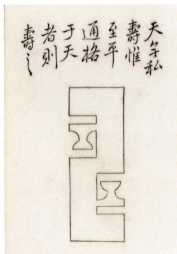
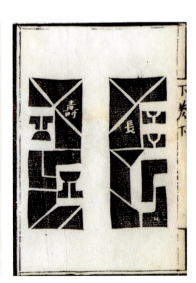

清光绪十一年（1885）《益智续图》和《益智字图》的书名为童叶庚三儿子童晏题写

处似较峦翠居《七巧图合璧》有过之无不及也。忽于上下五千年中纵横九万里内出一新制，为世间智巧之士、闺阁之秀增一消遣法，后之览者，推原其始则曰：'创自睫巢焉。'不愈于习他艺之步后尘而拾余唾耶。"

客无以难，嘿然而退。兹拟刊《续图》，因笔诸简端，聊以解嘲云。[6]

继1878年的《益智图》后，童叶庚在1885年出版了《益智续图》。[7]他为《益智续图》删定编次，五个儿子都参与了此书的创作、注文和校对。

与《益智续图》同时出版的还有《益智字图》，是童叶庚夫人祝梅君所著。[8]童叶庚在《益智字图》的弁言中提到他的夫人时不吝溢美之词："敢夸内助之贤，八法停匀，宜获佳人之赏。"祝梅君在书后的附识中提到他们的幼子来宝当时初学属对，她用益智板拼出若干字，来宝都逐一认出，她自己喜不自禁。来宝也要学着用益智板拼字，并开始尝试把自己描红的字用益智板拼出来。祝梅君为了鼓励他，就把来宝创造的三十个字拼图附在了《益智字图》的后面。值得一提的是，《益智续图》和《益智字图》的书名都是他们的三儿子童晏（字叔平）所题。

千字文

1888 年秋，由于不善于在官场上阿谀奉承，童叶庚被革职。他只好返回家乡，从此过上了寓公的简单生活。他与友人赋诗饮酒，为他人鉴赏古人字画，并开始收藏古印玺，还沉浸于收藏百余枚铜镜的乐趣之中。[9]

也就是从这时起，童叶庚开始了自己最宏伟的计划——用十五巧益智板拼《千字文》。[10] 1892 年八册的《益智图千字文》问世。

在《益智图千字文》的跋里，童叶庚写道，1891 年的秋天有个客人来访，看到他在用十五巧益智板拼《阴骘文》，便问他是否也能拼出《千字文》，童叶庚说不能。客人笑了："千字文里面的字从两三画到二三十画都有，笔画少的十五块板子多了没处放，笔画多的十五块板子又不够用，怎么解决？这其中的曲折多变都用规圆矩方来表达，这不是极难吗？所以我就知道你不行。"

童叶庚把客人的揶揄记在心里，趁着夏天避暑的时候，不断探索、想象，静静思考，最终豁然开悟。他的拼图有的取楷书的端正、有的取行书的流利、有的取草书的奇妙。童叶庚就这样用半年的时间把《千字文》按照三种字体全部拼了出来。

童叶庚用十五巧益智板拼《千字文》
民国十二年（1923）
童叶庚著《益智图千字文》

客人再来拜访的时候童叶庚把书稿拿出来给他看，客人看得不眨眼，惊讶得舌头久久放不下来，连忙说："你真是智者！比我聪明多了！自有六书以来除了蔡邕的飞白还没见过如此令人耳目一新的形式！这能使后来者举一反三、千变甚至万化，定会把你的作品视作王羲之的笔阵图一样！"

童叶庚有些腼腆地回答说："过奖了，不敢当，只不过是闲居作此，自娱自乐罢了。虽然我反复推敲，但还是有许多不完美之处。如果老天还让我多活几年，或许能再改进完善，这样也许我就可以算是个上进的人了吧。"

跋的原文如下：

> 去秋以益智图抚阴骘文。有客昂然来，见之曰："子能抚《千字文》乎？"余谢不能。
>
> 客莞然曰："子之图限以十五片。字之体盈千而不同。有二三笔者，有二三十笔者。画少则图版嫌多，将如何消纳之？笔画多，则图版嫌少，将如何假借之？举凡一波三折之势，于尽求之圆规方矩之中，不綦难乎？我固知子不能也。"
>
> 今夏遁暑，不忘客言。玩索图版，试为摹拟。穆然而思，豁然而通，斐然而成。或从真，取其端重；或从行，取其流利；或从草，取其奇妙。字合千文，书分三体，历半载而脱稿。
>
> 客翼然复来。出书示之，就展阅毕，目眩然而不瞋，舌挢然而不下。既而幡然曰："子真智者！益我多矣！六书一道，[11]自蔡中郎飞白之后，[12]未尝见一奇构。今得是格，令人耳目一新！使后来操觚家举一反三则千变者，何难万变！将视斯图为右军之《笔阵》矣。"[13]
>
> 余赧然曰："奖许过情，何敢当哉。闲居作此，自乐其乐，虽经千虑，得失自知。其中不惬意者尚多，倘天假之年，或能改削完善，当就有道而正焉。"客色然而喜，蹶然而兴，飘然而去。[14]

由于童叶庚书法功底深厚，他能自如地将《千字文》中的每一个字以楷书、行书或草书的形式用十五巧益智板表现出来，半年后就将《千字文》拼出完成了创作。

在书的末尾童叶庚还加上了"益智图千字文崇明睫巢童叶庚创于光绪壬辰岁良月成书"这二十四个拼出来的字，说明了书名、祖籍、作者、字号以及完成年月，所以这本《益智图千字文》实际上有1024个字。可惜童叶庚没能活到他的书出版的那一天，他于1899年去世，而这本书直到1918年才通过他的小儿子童大年交由在上海的商务印书馆印制发行，并于1923年再版。

1892年童叶庚用不同的字体完成了《益智图千字文》

上海的商务印书馆

童叶庚去世后,他的十五巧益智图的书籍继续流传于世,而且很受欢迎。他的儿子童大年与上海的商务印书馆长期合作,出版他父亲的著作。商务印书馆始建于1897年,后来发展成亚洲最大的出版社。商务印书馆在1915年出版了六册一套的《益智图》,此后多次再版直到20世纪30年代初。这段时期,《益智图》的售价一直是"大洋贰元"。

商务印书馆发行的六册一套的童叶庚《益智图》
民国十一年(1922)
童叶庚著《益智图》

《益智图》书及图板的广告

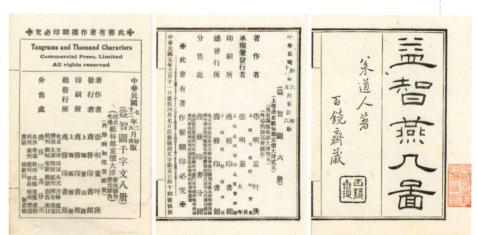

这六册书中的头两册是《益智图》上下卷，第三、四册是《益智续图》上下，第五、六册是《益智燕几图》和《益智燕几图副本》各一册。《益智燕几图》的图形是童叶庚根据北宋黄伯思的《燕几图》用十五巧益智板创作的燕几图样（见本书第134页）。童叶庚在1889年完成了此书，并于1890年在杭州出版发行。在《益智燕几图》里，童叶庚创作了104个不同的燕几造型，并在副本里提供了解答。

 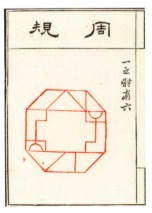 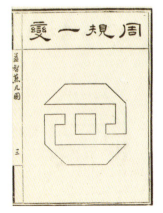 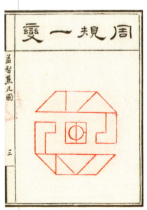

商务印书馆还生产了木材和金属制的十五巧益智板，与书籍配套发行。这些十五巧益智板被称为"益智图版"，分三层置放在长方形的木盒或纸盒里。书后有介绍这些游戏的广告，小号的售价仅二三角。

不幸的是，上海闸北区在1932年1月29日遭受了日本侵略者飞机的轰炸。商务印书馆庞大的建筑，包括总务处、印刷所、编译所、书栈房皆被炸得面目全非，馆藏的三十六万五千多册书，包括古籍善本、宋元珍本被烧为灰烬。尽管三十五载的经营被毁于一旦，商务印书馆克服困难、东山再起，并很快恢复了运营。童叶庚的六册《益智图》在1933年4月再次印刷，成为"国难后第一版"。据我们调查，这一版也是商务印书馆最后一次发行童叶庚的《益智图》。[15]

商务印书馆发行的益智图版游戏
民国初
上海
盒边长 8.5 厘米
至 14.5 厘米

纸盒装铅制益智图版

纸盒装木制益智图版

木制盒装益智图版

寻找十五巧板

在我们的收藏里，有些益智板游戏很特别，但板块不齐全。上海东台路原来有个古玩市场，1999年我们在汪祖佑凌乱的小摊位前驻足。汪祖佑称他有个七巧板，并伸手从玻璃柜里拿出来个堆满杂物的托盘。翻弄两下后，他找到一个带滑盖的小长方形红木盒，打开以后里面果然有七块金属板。我们一看便知这不是七巧板，而是十五巧益智板的一部分。"还有八个板块哪去了？"张卫问道。"哪有那么多！我就这七块。"汪祖佑想也没想就说。我晓当一下把托盘里所有的东西都倒在了柜台上，决定找找看。不到一分钟，我们便从一堆布满灰尘的玩意儿中找到了散落在外的另外四块板子。我们让汪祖佑回家好好找找，下次我们再来按件购买剩余的几块。无奈几次问询无果，我们只好请人用旧材料制作补遗，配齐了这套游戏。

我们看到几何形板块时一般比别人更敏感，因为它们很有可能是七巧板或益智图板的组件。所以有一次当上海文物商店的店员金培章告诉我们，玻璃柜里那片又大又厚的白铜三角板是个镇纸时，我们并不相信。"你们还有这样的镇纸吗？"我们兴奋地问道，因为半厘米厚的板块很难见到。"有有有！"店员来回几次、前后找出了五个板块，其中一个是直角梯形。确凿无疑，这是一套少见的益智图板。可惜凑不齐十五块板子，要不然可以拼一个边长为十二厘米的正方形。我们第二年再次光顾，一进门金培章就认出了我们，高兴地告诉我们又在库房里找到两块——一个平行四边形，另一个是直角梯形。至于遗失的八块到哪里去了，谁知道！也许真被人当镇纸用了！

红木盒装铜制十五巧益智板（含四块补板）
清末至民国初
江浙地区
盒边长 8.2 厘米

白铜十五巧益智板（缺失八块）
清末至民国初
江浙地区
厚 0.5 厘米

白铜盒装十五巧益智板（缺失两块）

清末至民国初
江浙地区
盒边长 9.1 厘米

自从我们 2008 年办过展览后，到哪儿旅行我们都会随身带着展览图录，指着里面的图片，人家就明白你要什么、问什么，比费口舌去描述容易多了。有一次在宁波时，我们入住的酒店对过就是宁波文物商店，自然要去光顾一下。店经理说店里的东西不对我们的路，建议去范宅他亲戚周鹤鸣的店看看。到了范宅，周鹤鸣翻着我们的展览图录，一直摇头，直到翻到益智图那一章时眼睛一亮，他兴奋地站起来，说他家里就有一套、买了二三十年了，马上去拿！半个小时后他带回来一个长方形的白铜盒子，里面是一套制作精美的益智图板，只可惜里面两个半圆的板块遗失了。至今我们还在寻找与其成色、厚度一致的白铜材料来配齐它。

2004 年，我们在上海淮海路的寓所里拜见了童叶庚的孙女、童大年的女儿、八十六岁高龄的童启祉老人（1918-2007）。她对 1932 年日本侵略者轰炸上海记忆犹新：

童叶庚的孙女童启祉

> 我的祖籍是崇明，但是我从来没有去过那里。我的近祖住在杭州，他们许多人曾在那里做官。所以相比崇明，我们对杭州更亲近一些。因为我的父亲童大年在沪宁、沪杭甬铁路任职，我的家就在上海。
>
> 我祖父的益智图的东西都给了我的父亲。那时候"一·二八"（1932 年 1 月 28 日），正是中国人过年的时候，日本人打来，我只有十四岁。那时候逃出来，一点儿准备也没有，什么也没拿就逃到已经出嫁的我五姐家。我爸爸六十多岁了，也弄不动，后来我妈妈胆子大，和仆人又回去把一些重要东西拿来了。益智图的东西包在一个方方的蓝色包裹里，很重，一个人拿不动。里面是我祖父设计的铜的益智图，有桌面这么大（两尺见方——撰者注），板子有一寸厚，后来传给我父亲。我知道这个东西，但是没有见过，这些东西都藏起来，不让我们小孩子动。后来我们又逃到杭州，不记得是否带了这个东西去那里。后来这个东西就下落不明了。[16]

皇宫里的益智图

　　1999 年秋，我们在北京有三个新发现。第一个是在故宫，宫廷部管理员刘宝建拿了一套故宫藏益智图游戏给我们看。

　　在一个正方盒子里放着十五个木制板块，滑盖上刻有白漆填涂的"益智图"三个字。将木制板块取出后，盒底里外都有铅笔画的马，像是孩子画的。张卫问这是谁画的，刘宝建回答说："溥仪。还能是谁！"当我们质疑这个游戏的做工和质量不像是皇帝的玩具时，刘宝建解释说，很有可能是太监给小皇帝从附近的东安市场买来的。看来中国的末代皇帝爱新觉罗·溥仪（1906-1967）也曾在紫禁城里玩过童叶庚发明的十五巧益智游戏。[17]

　　第二个发现是在故宫的图书馆里找到了一套六册 1897 年出版的童叶庚著《十五巧益智图》。函套内凹的硬纸板盒里原装的十五巧游戏不见了，取而代之的是一套粗糙的小号木制板块。这套游戏溥仪也可能玩过，只不过一百多年过去了，由于无人使用及缺乏保护，这套游戏的纸板盒上满是虫眼。

**溥仪的木制
十五巧益智图游戏**
20 世纪早期
故宫博物院
盒边长 12.5 厘米

我们的第三个发现是在北京古玩城的一个小店里。在那里我们找到了一套象牙制十五巧板游戏，放在一个精巧的带滑盖的黄铜盒里。这套游戏拼成方形后每个边长仅有4.8厘米，实在袖珍得令人爱不释手。店主告诉我们这是他家的传家宝，并不打算出手，但经不住张卫的劝说，最终忍痛割爱。店主还介绍说这套游戏早先是恭亲王爱新觉罗·奕䜣（1833–1898）家的。奕䜣是道光皇帝的第六个儿子，也是溥仪祖父的同父异母弟弟。他在1861至1884年曾为朝廷处理外事，是"洋务派"代表人物。

据店主说他姥爷过去是一位有名的拍卖师，他在1949年帮店主的舅舅买下这套游戏，在他家已存放五十年了。我们对店主的故事将信将疑，直到发现《益智图千字文》上有恭亲王在1893年为此书所写的六页题字、恭亲王的署名和章印才确信无疑。

恭亲王题的"操觚新格"这四个字被印在了《益智图千字文》第一卷的前部，每个字都占有一页。[18] 看来恭亲王对童叶庚的十五巧益智板推崇备至，我们的新宝贝还真有可能是恭亲王在一百多年前专门订制的呢！

黄铜盒装
象牙十五巧益智板
19世纪末
北京
盒边长4.8厘米

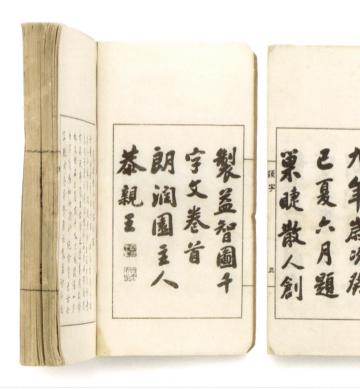

恭亲王

约翰·汤姆森
（John Thomson）摄
清同治十一年（1872）
摄于北京

恭亲王为童叶庚
《益智图千字文》
题字"操觚新格"

十年后，2009年4月的一天，经朋友介绍，我们去北海的恭王府与负责人陈光见面。往日戒备森严的府邸花园俨然已成了摩肩接踵的旅游胜地。陈光很热情，得知我们的意图后，安排我们去拜会第一代恭亲王奕䜣的曾孙爱新觉罗·毓嶦（1923–2016）及夫人。毓嶦是第二代恭亲王爱新觉罗·溥伟（1880–1936）的第七个儿子。1939年，伪帝溥仪封他为第三代恭亲王，但他没在恭王府住过一天。我们在南三环东路一个简朴的小公寓里见到了他。

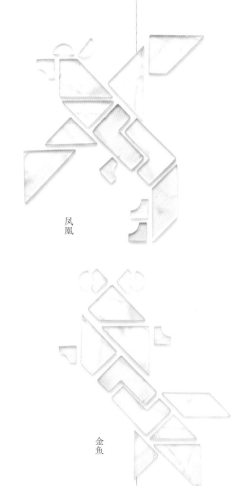

凤凰

金鱼

**天然水晶制
十五巧益智板**
清末至民国初

父亲1912年离开恭王府后就去了山东青岛，后来1922年又从青岛去了大连。我是1923年在大连出生的。我在大连时曾经玩过七巧板，只是我的游戏有十几个板块，还包括半圆形的。我的游戏做工一般，只是木制的，装在一个方盒子里。和游戏一起的还有用两块木板夹着的两本书。书中有许多的图形，但是没有图解告诉人们怎样拼图，得自己琢磨着拼出来。对对对，就是你给我看的这本！哎呀，你们真让我回忆起儿时的游戏了！

父亲没有跟我和两个弟弟做过游戏，我们在家里找到这些书和游戏就自己玩了起来。我们几乎没出过家门，所以不知道别人是否也在玩这个游戏。大连哪里都不可能买到这个游戏，所以它应该是父亲从北京带过来的。那时候大连被日本人控制，许多东西，包括写字的毛笔，还有酱菜都要从北京带来。

在大连的时候，我还玩过华容道、九连环或其他的金属丝制的游戏。但1936年父亲去世，我只好离开大连去长春投奔溥仪，在溥仪办的私塾里读书。离开家后，我玩过的那些益智游戏和留下的其他东西从此下落不明。[19]

毓嶦还是位著名的书法家，中国和北京书法家协会的会员。我们拜访结束之时，这位最后的恭亲王，摆开书桌上的笔砚和宣纸，为我们的艺智堂题了字。在这个章节即将写完之际，我们非常难过地得到了毓嶦老人去世的消息。他是皇室贵族，却平易近人，行事低调，与夫人一起过着粗茶淡饭的老百姓日子，余生寄情于各种书籍和书法笔砚之间。他赠予我们的艺智堂题字和《爱新觉罗·毓嶦回忆录》成为我们珍贵的纪念物。[20]

"这真让我回忆起儿时的游戏了！"
爱新觉罗·毓嶦
北京
2011 年

"艺智堂"
爱新觉罗·毓嶦题写
2009 年
北京

童叶庚的十五巧印章

2001年秋,上海东台路古玩市场的小摊主给我们留了一套1923年版的《益智图千字文》,原书1918年由商务印书馆出版,1923年再版。书的品相尚可。

这套《益智图千字文》的书前和书尾有八个童叶庚用十五巧益智板拼成的章印,其中一个造型取自童叶庚早年出版的《益智图》书中的"长""寿"二字(见本书第200页)。如果确有其印的话,那么这些印章现在又散落在民间何处呢?

2004年3月,我们联系到了定居在加拿大多伦多市的刘慈俊(已故)。他母亲是童叶庚的孙女、童大年的女儿,他是童叶庚的曾外孙。刘慈俊当年是童家的"历史专家",他建议我们与杭州的退休中医林乾良联系。林乾良是个印章收藏家,也是西泠印社的社员,或许有更多关于童叶庚及儿子治印的线索。

童叶庚收录在《益智图千字文》中的印章是十五巧益智板拼成的"长""寿"二字

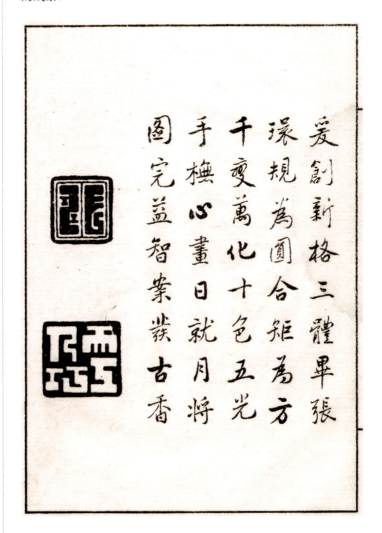

童叶庚自制石章
一面为"长寿"二字,
一面为童叶庚的"庚"字
19世纪末
浙江杭州
边长 4.6 厘米

　　过了几个星期,我们登门拜访了林乾良。林乾良在福建长大,从小痴迷治印。20世纪50年代来杭州学中医,并在这个文化古都留下来工作。那时他所有的业余时间都花在古玩店里和旧货摊上去淘古印。有一次他的夫人让他去买米,走在路上他鬼使神差地又拐进了古玩店,把买米钱花在了古印上。由于回来无法交差,全家整月只好喝稀粥度日,夫人哭笑不得。"文化大革命"期间,古印被视为"封资修",拥有者都迫不及待地处理掉它们,林乾良因而捡了不少漏——那时制作精美、质量上乘的古印居然都是论斤出售的!

　　林乾良的古印章数以千计。除了收藏,他还收录研究印章原主的信息,并出版了有关这方面的著作。巧的是林乾良最喜欢的治印人之一是童叶庚的小儿子童大年,并收藏了二百多枚童大年的印章。令我们喜出望外的是,他还有一枚童叶庚亲自刻的印章,印章六面有字:一面是用十五巧益智板拼成的童叶庚的"庚"字,一面是"长寿"二字;四周边款为童叶庚题刻的"抚益智图字于西泠百镜斋睫巢壬辰春三月"。壬辰为1892年,这里的"睫巢"自然是童叶庚本人了。[21]

　　童大年是著名的篆刻家、书法家及画家。林乾良认为童大年所治之印远胜于他的父亲,但即使如此,林乾良当时也舍不得出售童叶庚的印章,直到六年多以后他才与我们联系,将此印转让给了我们。

益智图在美国

何德兰（Isaac Taylor Headland，1859–1942）是一位美国作家、教授，也是收藏家。他在1890至1907年被循道公会派往中国传教，并在当时的汇文大学（Methodist Peking University）教授科学。汇文大学后来与另外三所教会学院合并成了燕京大学。他的夫人玛利亚姆·辛克莱·何德兰（Mariam Sinclair Headland，1859–1953）曾是慈禧太后母亲的医生，也为许多公主和高官夫人看过病，因此何德兰夫妇与晚清皇室的高官显贵们关系密切。[22]

何德兰为西方的读者们写了许多有关中国生活的书籍，尤其侧重中国儿童的儿歌、玩具和游戏。他的插画书《中国男孩和女孩》（*The Chinese Boy and Girl*）出版于1901年，书中有一整个章节介绍了童叶庚的《益智图》，他将十五巧益智板称为"十五块魔术积木"（fifteen magic blocks）。[23]

何德兰在书中写到，一天一位中国高官带着年幼的儿子到他在北京孝顺胡同的寓所来拜访。小男孩将自己的"积木"拿给何德兰看，并拼出了《益智图》上卷中的三十五个图案。何德兰对小男孩的拼图能力印象深刻，并对这种"积木"的教育价值很看重：

何德兰

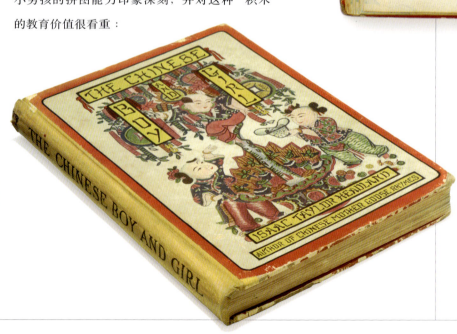

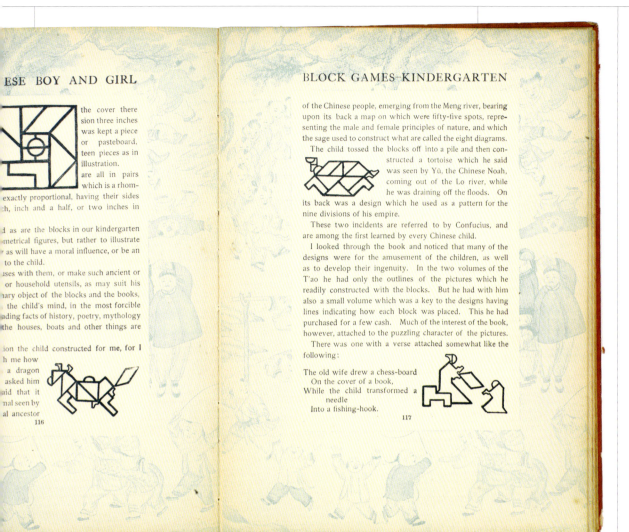

他能用那些"积木"拼房子、古今器物、日常用品，想拼什么就拼什么。但重要的是，游戏和书的目的其实是用最有效的方式强化孩子们对某些事物的记忆，比如一个历史事实、一首诗词、一个传说或一个道德教诲。那些房子呀、船呀或其他只不过是辅助图形罢了。

《中国男孩和女孩》出版后大受欢迎，于是何德兰又开始写第二本书。这是一本完全根据《益智图》上卷的图形创作的插图书。在这本173页、题为《中国十五块魔术积木》（*The Chinese Fifteen Magic Blocks*）的书中，有童叶庚的105个拼图。其中与拼图相配的中文词句也被贴切地翻译成了英文。在书里何德兰还添加了与拼图内容有关的历史和传记故事等。

何德兰在美国著书介绍益智图
1901年
何德兰著
《中国男孩和女孩》

如果童叶庚用十五巧益智板能教中国孩子学习诗句和历史，那么这个游戏是否也同样可以用来教孩子们美国文化呢？为了证明这一点，他在《中国十五块魔术积木》书稿的末尾添加了他自己创作的图形，表现的人物包括美国总统乔治·华盛顿、亚伯拉罕·林肯，反奴隶制活动家、记者霍勒斯·格里利（Horace Greeley，1811—1872）和芭蕾舞演员、马拉松运动员，等等：

> 有些图形我用文字解释；有些请中国艺术家绘了图；有些则直接使用图形；我还用这十五巧设计了一些可以表现我们自己历史、人物以及体育运动等的图形。[24]

何德兰未出版的《中国十五块魔术积木》书稿
1902 年

何德兰创作的"乔治·华盛顿横渡特拉华河"

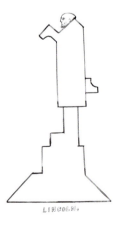

何德兰创作的"林肯"

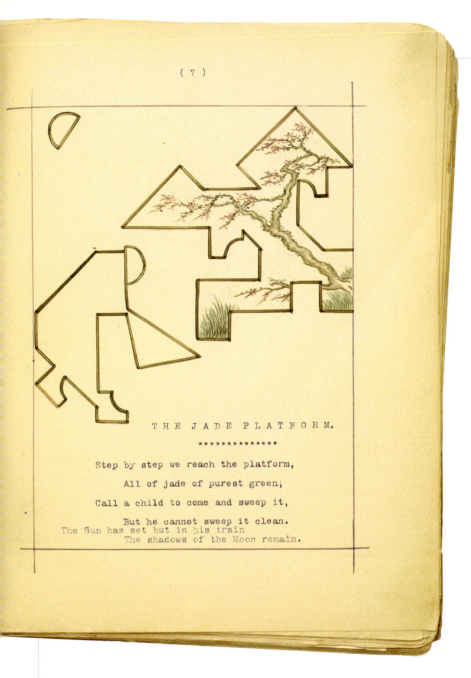

重重叠叠上瑶台，几度呼童扫不开。
刚被太阳收拾去，又教明月送将来。

——〔宋〕苏轼《花影》

"我认为这本书发行伊始就会受欢迎，而且整个世纪它都会畅销。"

何德兰对这本《中国十五块魔术积木》的期待很高。他向其纽约的出版商强调："我认为这本书发行伊始就会受欢迎，而且整个世纪它都会畅销。"[25] 遗憾的是他的《中国十五块魔术积木》一直未能出版发行。

益智图文化

张恨水（1895–1967），原名张心远，是中国的章回小说家。他出生在江西，二十四岁时来到北京，成为一家报纸的编辑。写小说一开始只是爱好，结果发表了一部连载小说后一举成名。他一生写作了一百多部通俗小说，其语言平易晓畅，成为家喻户晓的作家。

张恨水的经典之作《金粉世家》从 1926 年到 1932 年在《世界日报》连载六年，是他连载时间和篇幅最长的作品。《金粉世家》描写了 20 世纪 20 年代一个民国总理之家的豪门盛衰史。[26] 下面的一段来自《金粉世家》第四十五回，从对话中可以看到那个年代的人们玩童叶庚的十五巧益智板，并偶尔与七巧板相混淆的情形：

> 梅丽和佩芳共围着一张大理石小圆桌儿，在斗七巧图。……玉芬并不向这边来，径直来看梅丽作什么。自己还没坐下，两只胳膊向桌上一伏，梅丽连连说道："糟了，糟了，好容易我找出一点头绪来，你又把我摆的牌子全弄乱了。"玉芬道："七巧图什么难事？谁也摆得来呢！"佩芳笑道："这不是七巧图，比七巧图要多一倍的牌子，叫作益智图。所以图本上，也多加许多图案。明的还罢了，惟有这暗示的，不容易给它拼上。你瞧这个独钓寒江雪，是很难。"佩芳说时，手里拿着一本书伸了过来。玉芬接过书一看，见宣纸装订的，上面用很整齐的线，画成了图案。这一页，恍惚像是一只船露了半截，上面有一个人的样子，这图只外面有轮廓，里面却没有把线分界出来。
>
> 桌上放了十几块小木板，有锐角的，有钝角的，有半圆的，有长方形的，一共有十四块（实应为十五块——引者注）。那木牌子是白木的，磨洗得光滑像玉一般。玉芬道："这个有趣，可以摆许多玩意，七巧图是比这个单调。"佩芳道："你就摆一个试试，很费思索呢。"玉芬果然照着书本画的图形，用木牌拼凑起来。不料看来容易，这小小东西，竟左拼一下，右拼一下，没法子将它拼成功。后来拼得勉强有些像了，又多了一块牌。于是将木牌一推，笑道："我不来了，原来有这样麻烦。八妹，你来罢，我看你怎样摆？"于是坐在旁边围椅上，将一只手来撑了下巴颏，遥遥地看着。[27]

"独钓寒江雪"
清光绪四年（1878）
童叶庚著《益智图》

瞿秋白（1899–1935）生于江苏常州，是 20 世纪 20 年代中国共产党的缔造者之一和早期领袖。他不仅仅是马克思主义作家和思想家，还策划和领导了反抗国民党的暴动。1935 年 2 月 24 日，瞿秋白被捕，并在当年 6 月 18 日被国民党杀害。在被押期间，瞿秋白花六天时间写下了《多余的话》，以七巧板和益智图为例，讲述自己在学术和政治上扮演的角色，其实只不过是一个"历史的误会"罢了。[28]

> 因为青年精力比较旺盛的时候，一点游戏和做事的兴总会有的。……譬如你有点小聪明，你会摆好几幅"七巧板"或者"益智图"，你当时一定觉得痛快，正像在中学校的时候，你算出几个代数难题似的，虽然你并不预备做数学家。[29]

荷花

尚小云（1900–1976）是著名的京剧演员，也是十五巧益智游戏的爱好者。他生于北京，七岁开始学艺，1921 年与同时期的梅兰芳、程砚秋、荀慧生一起被誉为京剧的四大名旦。尚小云也是个中国文物收藏家，喜好一些有趣的小物件。尚小云请人将自己翻得烂熟的益智图抄本裱成两个长长的手卷，并在卷首题记：

> 昔年曾于城南琉璃厂玉池山房马济川先生处购得二卷《七巧图》（应为十五巧《益智图》——引者注），甚为精妙。吟唱之余，把玩其中，三昧颇有仙趣哉。然久久之把玩，不免纸已有损，只可请海王村之装池高手沈三诸君将《七巧图》重新揭裱成二卷，以便舒阅赏玩。京都尚小云并记。[30]

荔枝

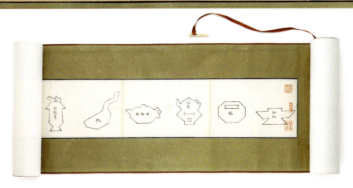

纸本墨迹《益智图》手卷
尚小云题写
20 世纪中期
北京
11.5 厘米 × 81.7 厘米

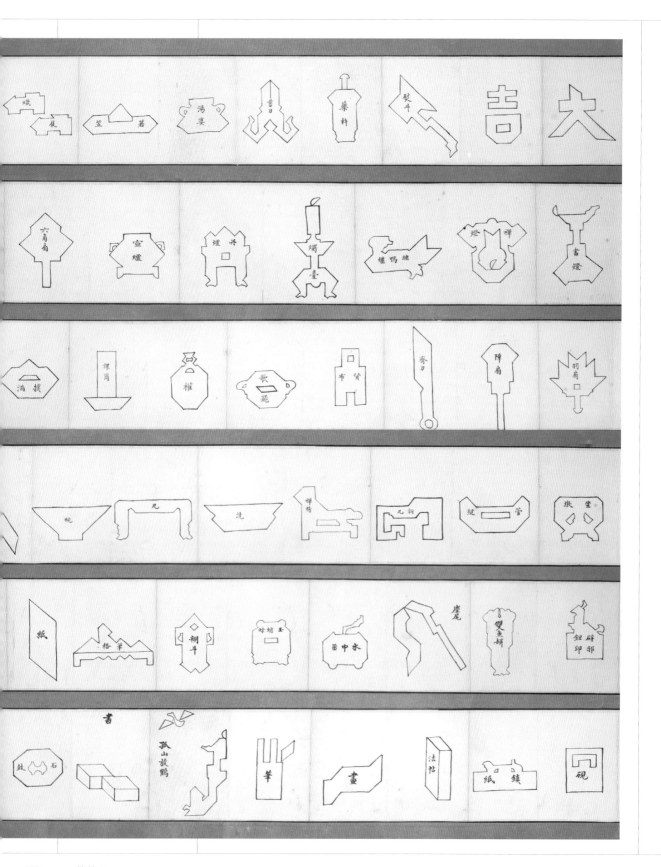

我们在北京的朋友傅起凤是著名的魔术师，同时也是位作家，著有许多有关魔术、杂技和益智游戏的书籍。傅老师的父亲傅天正（1906–1972）和母亲曾庆蒲（1909–1976）都喜爱七巧板和十五巧益智游戏，他们用这些游戏创作新图、汇编成册、并在20世纪50年代出版（见本书第115页）。

母亲著的《益智图新编》于1953年出版，笔名是耘心。[31]我的二叔傅天奇（1910–1977）也是一个魔术师和艺术家，他为母亲的书做图和设计。母亲酷爱书法，因此在60年代时母亲用十五巧益智板拼作了许多字图，包括当时的口号。她请我的女儿和儿子参与拼字，让他们将拼好的字图的外框描下来，那些字图的口号是"人民公社好""百花齐放"等。

父母的许多书稿在"文革"期间都遗失了，但我还有一些毛主席的《长征》诗词的拼图。我母亲先将这首诗的字句用十五巧益智板拼好，然后我的弟弟傅腾龙用橡皮章为每个字刻章。我母亲再用这些印章将全部诗词完成。

这个照片是我的父亲教我的儿子徐海子用十五巧益智板拼图。海子那时才两岁多，这张照片应该是1966年"文革"开始前拍摄的。[32]

童叶庚在1862年发明了十五巧益智图，在1878年出版了《益智图》上下卷。但1796年在日本京都的昌寿轩曾出版过一套由十五个板块组成的游戏，其中十块与童叶庚的十五巧益智板相同。日本的这套拼板游戏印在一张纸上，标题是《智惠板之图》，上面的图形有人物、动物和其他的器物。[33]

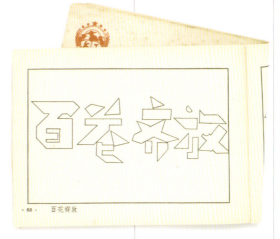

"百花齐放"
1953年
曾庆蒲（笔名耘心）编
《益智图新编》

八角琴

花篮

"红军不怕远征难"
1973年，曾庆蒲用十五巧益智板创作的《长征》诗词

随着《智惠板之图》的出版，一些类似的十九个板块的游戏相继在日本问世。这些18世纪末的日本拼板游戏都有与《益智图》相似的两个半圆形和四个四分之一的外方内圆弧形，而且这六个板块都能拼成一个小正方形。这不太可能是巧合，我们可以推测一些游戏更早的时候在中日之间曾有交流，不排除童叶庚曾经受过日本或中国早期类似拼板游戏的启发。

童叶庚的十五巧益智游戏没有像七巧板那样风靡世界，但是它的生命力仍在延续。2011年7月，在童叶庚曾外孙刘慈俊的努力下，童叶庚的《益智图》被收录到上海的非物质文化遗产名录中。[34] 童叶庚的一个曾孙名叫童宇，现居美国新泽西州，在网上介绍益智图，并为读者提供了一个益智图拼图游戏的互动网页。[35] 浙江的拓品玩具公司也在生产两种十五巧益智图拼板游戏。今天之所以有这些成就，都归功于童叶庚留下来的那些著作和他创作出来的那些极富文人文化的图案。我们希望有一天，童叶庚的那些著作能够再次出版。

傅天正在教外孙用十五巧益智板拼图
1966年

注 释

1. Isaac Taylor Headland, *Home Life in China* (New York: Macmillan, 1914), p. 287.
2. 许多有关童叶庚的资料将他名字中的"叶"(xié)字的音误读为树叶的叶。"叶"在繁体字中的意思和读音同"协"字,而不是繁体字"葉"的简体字。信息来自童叶庚曾外孙刘慈俊2008年3月12日的信件。
3. 〔清〕童叶庚:《益智图》,虎林(杭州):任有容斋,1878年。这套书分上下卷:上卷以山水人物为主,配有古诗文句图画;下卷包括一百多个器物的图形。这些图形是童叶庚一开始用十五巧益智板仿照七巧板拼出的器物图案,后来弃之不用。但是他的儿子们认为这些图形简约生动,请求他保留,因此收录在下卷中。
4. 〔清〕童叶庚:《益智续图》,虎林(杭州):任菊农,1885年。
5. 〔清〕童叶庚:《十五巧益智图》,北京:老二酉堂,1897年。
6. 〔清〕童叶庚:《益智续图》。此章写于1880年。
7. 同上书。
8. 〔清〕祝梅君:《益智字图》,虎林(杭州):任菊农,1885年。
9. 曹炳麟、王清穆:《江苏省崇明县志》,台北:成文出版社有限公司,1930年,第844—846、988页。
10. 《千字文》是用一千个不重复的汉字组成的四字句韵文,全文有一百二十五行,每行八个字。在过去的一千五百多年,《千字文》不仅是儿童的启蒙读物,还被文人用来创造各种字体的书法作品。
11. "六书"是指汉字的造字方法,包括:象形、指事、会意、形声、转注和假借。
12. 飞白是书法中的一种特殊笔法,是指在书写时,毛笔笔头没有完全出墨,笔画中出现拖丝或留白的枯笔。
13. "右军"即东晋著名书法家王羲之。《笔阵图》是论述书法的著作,阐述执笔、用笔的方法,并列举七种基本笔画的写法,传说是王羲之所著,也有人说是王羲之的老师卫夫人所著。
14. 〔清〕童叶庚:《益智图千字文》,上海:商务印书馆,1923年。
15. 〔清〕童叶庚:《益智图·益智燕几图副本》,上海:商务印书馆,1933年,书尾最后一页。
16. 童启祉:笔者的采访,上海,2004年4月2日。
17. 刘宝建:《皇宫里的玩具》,《紫禁城》2006年第6期,第39页。
18. 《益智图千字文》恭亲王题字的第五和第六页中的内容是:"大清光绪十九年岁次癸巳夏六月题 巢睫散人创制 益智图千字文卷首 朗润园主人 恭亲王"。
19. 爱新觉罗·毓嶦:笔者的采访,北京,2009年4月21日、2009年4月23日、2009年10月10日、2011年4月7日。
20. 爱新觉罗·毓嶦:《爱新觉罗·毓嶦回忆录》,北京:华文出版社,2005年。
21. 林乾良:《印迷丛书》,杭州:西泠印社,1999年,第91—92页。
22. Isaac Taylor Headland, *Court Life in China* (New York: Fleming H. Revell, 1909), p. 1.
23. Isaac Taylor Headland, *The Chinese Boy and Girl* (New York: Fleming H. Revell, 1901), pp. 114–130.
24. Isaac Taylor Headland, *The Chinese Fifteen Magic Blocks* (unpublished manuscript, [1902?]), typed with illustrations, Yi Zhi Tang Collection, Berkeley.
25. 何德兰:给出版编辑的信(约1902),艺智堂收藏。
26. T.M. McClellan, *Zhang Henshui and Popular Chinese Fiction, 1919–1949* (New York: E. Mellen, 2005), pp. 80–85.
27. 张恨水:《金粉世家》上,南京:江苏文艺出版社,2002年,第501—502页。
28. Qu Qiubai, *Superfluous Words*, trans. and ed. Jamie Greenbaum (Canberra: Pandanus Books, 2006), p. 54.
29. 瞿秋白:《多余的话》,刘福勤:《心忧书〈多余的话〉》,上海:上海社会科学院出版社,1989年,第248—249页。
30. 尚小云:手卷,日期不详,艺智堂收藏。
31. 耘心(曾庆蒲):《益智图新编》,上海:上海文工书店,1953年。
32. 傅起凤:笔者的采访,北京,2006年10月24日、2010年4月25日、2012年10月19日。
33. Jerry Slocum, *The Tangram Book* (New York: Sterling, 2003), p. 13.
34. 上海市人民政府:《关于公布第三批上海市非物质文化遗产名录和上海市非物质文化遗产扩展项目名录的通知》,上海:上海市人民政府,2011年。
35. 同览在线艺术画廊,http://www.tongram.com/。

鲁班锁

Burr
Puzzles

虽公输（鲁班）复生，亦当敛手而谢。[1]

——唐芸洲，1894 年

鲁班锁

2011年，我和张卫在山东一家店的玻璃柜里看到零零散散的六根短木条。木条很旧，但因为过去经常使用而富有光泽，连棱角也磨得很光滑。除了其中一根，另外五根中部都有着不同的凹槽。店老板说不知道谁把这玩意儿打开了，现在谁也不知道怎么拼回去。张卫一眼就看出来这是个实芯互锁游戏。她若无其事地把这六根木条拿起来，三两下就拼好了，把店老板看得目瞪口呆。但一提起价格，却轮到我们目瞪口呆了。店老板狮子大开口，我们再有诚意也无奈空着手离开了。

一年后，我们又来了。那个益智游戏还在柜子里。但与上次不同的是，拼装好的六根木条被一根粗粗的皮筋儿绕了好几圈，勒得紧紧的，仿佛生怕被谁拆开了就再也拼不回去了。店老板一眼就认出了我们，忙不迭地笑着问我们还要不要。这次他不再漫天要价了，我们也就乐得把这个益智游戏带回了家。

这种相互穿插的实芯互锁游戏由一些很近似，但结构不一定完全相同的条棍穿插在一起，拼装好后会呈现出各种各样漂亮的几何结构。穿插在一起的条棍从中心向外延伸成三维十字体状。这种游戏的外观像一种很容易粘在衣服上、叫作芒刺（burr）的植物种子。因此类似我们在山东买到的这种六根木实芯互锁游戏在西方益智游戏界被统称为芒刺游戏（burr puzzles）。

结构最简单的芒刺游戏由三根相互垂直的条棍组成。最常见的芒刺游戏有六根条棍，而我们的收藏里甚至还有十六根条棍的。芒刺游戏的材料从竹、木、象牙到铜制的都有。

六根木实芯互锁游戏
19至20世纪
山东
长5.8厘米

芒刺

芒刺游戏在中国通常被叫作"孔明锁"或"鲁班锁"。孔明是诸葛亮的字，他是三国时期蜀汉的丞相、著名的军事家。鲁班生活在春秋末叶，被认为是很多木匠工具的发明者，如锯、刨和墨斗。因此，鲁班被后世尊为中国木匠的祖师爷。

鲁班锁与中国传统的榫卯结构看上去很相似，而榫卯是中国早期房屋建筑及后来的家具制造的主要结构方式。鲁班锁组件中的凹槽部位像榫卯一样相互穿插在一起，可以随意拆装，不用胶或钉子固定也能很稳固。尽管如此，并没有什么历史证据可以证明鲁班锁的起源与鲁班或孔明有关。

中国已知最早的对鲁班锁游戏的描述出现在唐芸洲所著的《中外戏法图说：鹅幻汇编》，1889 年出版于苏州。在书中他将这个六根组件的游戏称为"六子联芳"：

解曰：方木六根中间有缺，以缺相拼合，作十字双交。形如军前所用鹿角状，则合而为一。若分开之，不知其诀者颇难拼合。乃益智之具，若七巧板、九连环然也。其源出于戏术家，今则市肆出售且作孩稚戏具矣。然则追源溯本不可不存焉。

靳法：红木六根，各长二寸许（6.4 厘米），约二分半见方（0.8 厘米）。每根中段如图刻成缺陷，挨次拼合即能成就。其木之丁倒横竖，以图上所号之字，对已平正为率。[2]

木制六组件鲁班锁
19 至 20 世纪
长 9.6 厘米

古代建筑上的榫卯结构

几年下来，我们收藏了不少外形、结构看起来都相同的鲁班锁。拆开后仔细观察，却发现许多组件的凹槽结构其实是不同的。尽管如此，每个鲁班锁都有一根没有任何凹槽的条棍，这便是"闩"。鲁班锁的五根条棍都拼好之后，只有把这根"闩"插入才能将锁牢牢卡住，使之无法散开。

唐芸洲在其出版于1889年的书中对"六子联芳"的介绍是中国最早关于鲁班锁的材料，但是鲁班锁的起源应该远早于此。相比之下，这个互锁游戏在欧洲最早的记录是在1698年的一幅蚀刻作品上。

"六子联芳"
清光绪十五年（1889）
唐芸洲著《中外戏法图说：鹅幻汇编》

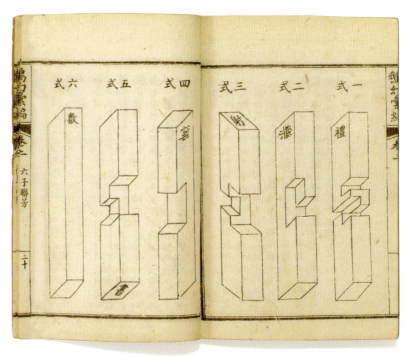

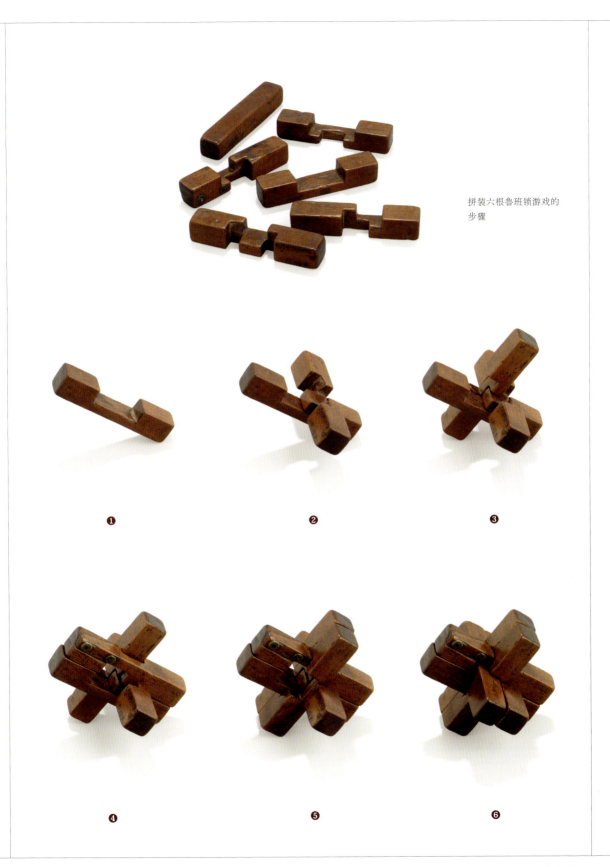

拼装六根鲁班锁游戏的步骤

❶ ❷ ❸

❹ ❺ ❻

十六根木实芯互锁游戏
19 至 20 世纪
山西
长 17.8 厘米

  高先生是个古玩商,在山西太原、张兰都有店,老家在张兰附近的杜村。他对我们的兴趣了如指掌,一碰到好东西就给我们存着,等我们回来。我们已经从他那儿买到好几个质量上乘的益智游戏了。这个我们从未见过的木制鲁班锁结构方框架就是他找到的。

  方框架由八根长棍和八根短棍构成,棍杆顶端带有典型山西风格的雕刻装饰。框架四角的每个角都是一个六组件的互锁结构。有一根长棍的末端很久以前就断裂了,通过一根旧细铁丝将其固定在框架的一角。由于拆开铁丝也许会导致损毁,我们没有将整个方框架完全解开,只是把唯一那根最后插进去、作用为"闩"的实芯长棍抽出,将与其相锁的两根短棍也解开,尽量看看内部结构。尽管这是我们在中国看到这个结构仅有的实例,但在 1785 年的德国科学和教育目录中曾出现过一个由二十四根长棍制成的立方框架。有趣的是,德国的立方体互锁游戏六面中的每一面都与我们的方框架在结构上完全一样![3]

象牙、竹、木、黄铜制三、
六、十二组件鲁班锁
19 至 20 世纪
长 4.5 厘米至 10.8 厘米

球形的实芯互锁游戏

在《中外戏法图说：鹅幻汇编》出版五年后的1894年，唐芸洲又出版了一套《中外戏法大观图说：鹅幻续编》。在书中，他介绍了一个球形的实芯互锁游戏。这个游戏被称为"桂花球子"，因为其外形就像一簇桂花。唐芸洲认为桂花球子相比六子联芳"其法之妙，远胜十倍"。

> 盖连方以方木成方形，此则以弧形之木成圆球。彼六根中有一无榫末后插入，故贯聚不能动摇。此则六块皆榫，骈之吻合。面面相同，混然无迹。欲拆而无从下手。虽公输（鲁班）复生，亦当敛手而谢。

> 斮法：用象牙或牛角驼骨红木坚竹等做成半月形之小板六块，各径长一寸、背圆一寸五分、厚三分三厘。照图刻成镶榫，拼时依码号之字向上，正对自己挨次如法拼之即成圆球。（一寸=3.2厘米）[4]

在图式中唐芸洲要求除了第四块组件外，其他所有组件的凹槽榫处都是方形的。第四块组件的凹槽中心部位则必须是圆柱形的，这样这个组件就能够翻转。当所有组件都穿插在一起后，将第四块组件翻转九十度，再向里推入到圆球结构里。这样第四块组件便锁住了整个结构而不会散开，成为这个游戏的"闩"件，和前面提到的六子联芳的"闩"件功能是一样的。

几年来，我们收藏了许多清代和民国时期的桂花球子类益智游戏。它们在尺寸、内部结构和外部造型上都不尽相同，有些和唐芸洲的桂花球子非常相似，甚至一模一样。

那么这种球状的实芯互锁游戏到底是中国还是西方发明的呢？我们询问了分布在世界各地的益智游戏界的朋友，看看有谁知道或收藏了非中国产的此类游戏的古董。迄今为止，还没有任何人找到过此类游戏在中国以外的历史资料或实物。因此，我们推断球状的实芯互锁游戏很可能就是中国人的发明。

木制桂花球子
19至20世纪
中国北方
直径4厘米

桂花球子的六个组件
清光绪二十年（1894）
唐芸洲著《鹅幻续编》
私人收藏

第一块式
正面

反面

❶

第二块式
正面

反面

❷

第三块式
正面
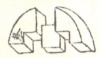
反面

❸

第四块式
正面

反面

凡榫皆方，惟此第四块之中圆而细，故末后能翻转也

❹

第五块式
正面

反面

❺

第六块式
正面
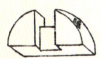
反面

❻

鲁班锁　237

桂花球子的拼装

清光绪二十年（1894）
唐芸洲著《鹅幻续编》
私人收藏

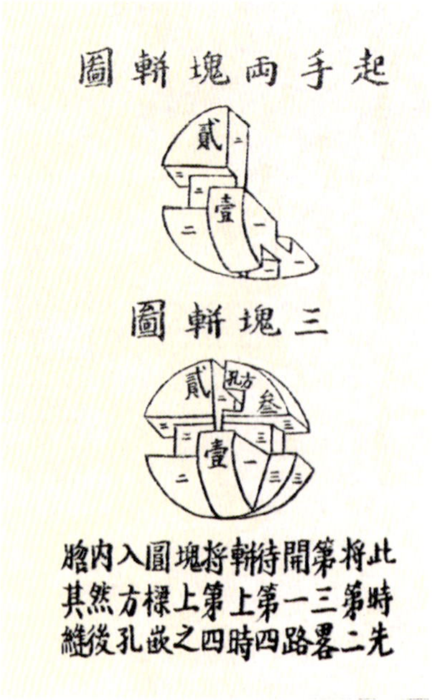

起手两块鞟图

四块鞟图

三块鞟图

此先第二块路第三时四路嵌之第上开待上方孔入圆块然后继其

五块鞟图

第五块乃在腰惟下 面不甚显露故于左右

第六自上下鞟向上二块恰正对下

❶  ❷

六块鞟图

第六块上然后鞟翻正即成圆球矣

翻正成球图

先将六块齐之四块往下然后翻鞟第后入胎内球坚牢即成矣不面

❸  ❹

**木制六及十二组件
桂花球子**

19 至 20 世纪
中国北方
直径 4 厘米至 8.5 厘米

鲁班锁

互锁结构的生活物品

虽然互锁游戏的起源和历史无法考证，但它在中国日常生活中特有的运用却是处处可见。各种形似或运用穿插游戏原理做成的练手球、球形挂件、绕线架、杂物和针线盒、筷子篓、灯笼以及蝈蝈笼子，不胜枚举，其中有些甚至是可以拆卸的。

20 世纪 80 年代，我父亲在中国时有人送给他一对河北保定钢球厂生产的金属练手球。包装盒上介绍说，单手把玩两个球的好处很多，能够改善手抖、健忘的症状，延年益寿。中国人玩练手球或一对核桃的并不少见，但我从来没想到会碰见一对有着唐芸洲桂花球结构的紫檀练手球。每个球的六个半圆组件结构非常紧密，应该从未被拆卸过。因为由组件组成，练手球没有光滑的球面，所以玩起这对球来声音与众不同。几年后我们还在山东找到过一对类似的练手球，不过组件厚边正中间刻有凹痕。

我们还有三个有趣的挂件。一个是短棍六组件鲁班锁，棱角被削圆了。另外两个看起来则像桂花球子。一个是打了穿绳洞眼的练手球，一个中间多出一块穿过球中心的"臼"。将"臼"的一端完全插入球体后，带洞眼的另一端就会从球面凸出来。用串绳吊起来，挂件的结构便固定住；一旦"臼"被抽离，其他六个组件就会轻易散开。

木制练手球
19 至 20 世纪
中国北方
直径 3.5 厘米、4.1 厘米

木制挂件
19 至 20 世纪
中国北方
高 3.6 厘米至 5.7 厘米

木制三组件和六组件绕线架
19 至 20 世纪
山西
长 11 厘米至 22 厘米

艺智堂收藏刚刚起步的那几年,我们常常把原宣武区的远东饭店当作在北京的根据地。这个中华老字号在 20 世纪四五十年代还很风光,但到了我们入住的 1997 至 2004 年早已是今非昔比。但是远东饭店在一个闹中取静的小胡同里,工作人员之热情让我们觉得宾至如归。这里离古玩一条街的琉璃厂只有几步之遥,而且是附近唯一的涉外宾馆。

琉璃厂在历史上是北京的古玩商业街,分东西两大街,除了沿街林立的古玩商铺外,还有两个古玩市场:荣兴古玩市场在西街;海王村古玩市场在东街。那时这两个市场看似破旧,但是租金便宜,为许多古玩商提供了创业机会。[5] 那里面的东西也很丰富,有的店主专营北方民俗杂项,如魏媛和她的先生钱东升、魏大章、魏大光和张金奎。我们就是从他们手里买到了一些山西鲁班锁结构的物件。

这些物件有的由三根组件构成,有的由六根组件构成;有些雕刻精美、有的涂满彩漆;有的中部镂空,内有小木球可以随着物件转动而滚动却逃脱不出来。组成物件的条棍比鲁班锁游戏的要长,而且穿插得特别紧,有的接缝甚至直接被油漆封死了,显然它们更像是日常生活物件,而不是像鲁班锁那样鼓励人们拆卸组装的游戏。

这些物件的用途一直让人费解，直到有一天发现了其中一个物件的三个"臂架"上绕有三种不同颜色的棉线，我们才恍然大悟：原来它们是用来绕线的！六个臂架不仅可以绕六种不同的线，而且臂架内凹使得绕线更方便。从此以后我们就把这类物品统称为"绕线架"。虽然绕线架不是益智游戏，但是制造它们的工匠用的是和鲁班锁一样的原理。现在的人已经很少使用绕线架了，但我们还是希望能有机会拜访过去用过这种绕线架的老奶奶。

有一次我们在魏大章的小店里找到一个特别的山西绕线架。这个绕线架由三个木质板状组件构成，每一个组件的中心位置都被挖出了个长方形的洞。三个组件在中心部位相互插套根本打不开。最恼人的是我想不通既然这个结构不可能拆卸，那当初又是怎么被组装在一起的呢？我拿着放大镜又仔仔细细看了一遍，突然发现其中一个组件曾经被人巧妙地沿着木纹劈开过！其他两个没被劈开过的组件插在一起后，将劈开的组件的两半上胶、合拢，这个"无解"的绕线架就做好了。原来如此！

"无解"结构木制绕线架
19 至 20 世纪
山西
长 16.2 厘米

竹木制杂物盒
19 至 20 世纪
山东
边长 13.9 厘米、28 厘米

我们在山东滨州北部的村庄里找到了一些杂物盒及针线盒。这些盒子用鲁班锁的原理把竹制的棍条相连做成框架，并在四周和底部镶嵌了薄木片。这样的盒子用来装小件杂物和针线还真的很实用呢。

滨州位于黄河北岸，离渤海只有一百多公里。我们去滨州考察时了解到，这个地区的互锁结构的针线盒是住在附近河流上的水上人家做的。他们趁湿润的竹子比较柔韧的时候把东西做好，等竹子和木片干透了，这些榫头卯眼便紧密地合在一起，牢不可分。

2000 年 1 月，我们去广州南部的番禺拜访了古董家具商蒋念慈。他给我们看了一个用竹子和木材制作的结构复杂的物件，每个交接部分都跟鲁班锁的构造很相似。他认为这个可能是一个喂鸟的食盒，后来我们才知道这其实是一个很大的家用筷子篓。蒋念慈是从北京的一个古董家具商那里购得了这件宝贝，而这个北京的古董家具商又是从山西运城附近买到的。这个筷子篓有三个直立的插笼放筷子，上方还有三个小格子放置小物品，两旁有翅状的装饰结构。在后来的山西、陕西和山东之旅中，我们又找到了很多筷子篓，亦是互锁结构，但没有哪个可以和这个媲美。

竹木制筷子篓
19 至 20 世纪
山西
高 40 厘米

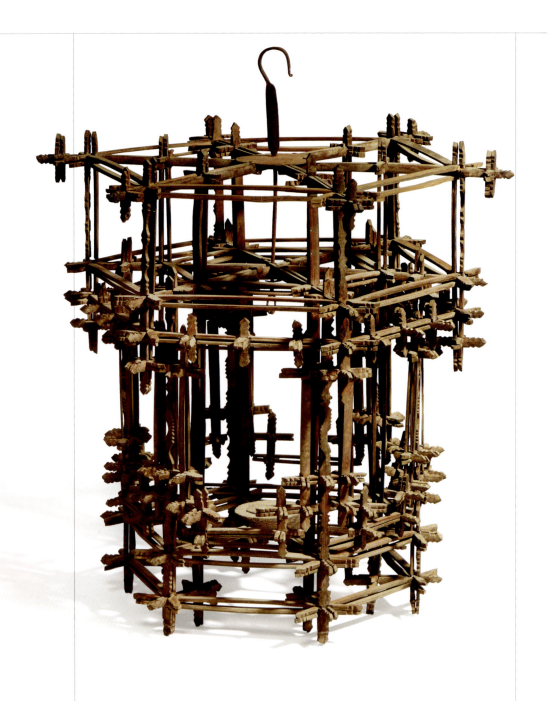

　　艺智堂收藏的互锁结构的藏品中最让人叹为观止的莫过于这对大灯笼，整个灯笼的结构部件相互穿插、浑然天成；相比当下制作水准的粗制滥造，我们不禁佩服古人对审美和工艺的执着追求。这对灯笼是2012年在山西太原购得的，店主说他是在山西西南、黄河东岸的万荣县的村子里找到的。每只灯笼都由720根竹棍、174个互锁交接点组成。将这两个层层包好的庞然大物带上火车一路运回北京还真费了我们九牛二虎之力！

竹制灯笼一对
19 至 20 世纪
山西万荣
高 63 厘米

鲁班锁

竹制蝈蝈笼
19 至 20 世纪
陕西韩城
高 41.2 厘米

　　几年后，我们在山西旅行时买到了一个十分精致的互锁结构的竹制蝈蝈笼子，与我们先前买的那对灯笼在制作上很接近。我们从卖家那儿得知，蝈蝈笼子是从山西万荣县黄河对岸的陕西韩城淘到的。我们干脆坐上小巴过黄河到韩城考察。果不其然，在那里我们又看到了六个蝈蝈笼子，但是都不及这个复杂、精美。

鲁班锁

人们在家中堆积成山的物件里为我们翻找感兴趣的物件，总会有个皆大欢喜的结局

生活中互锁结构的物品与人们的日常生活如此息息相关，以至于极少有人把它们与古董联系起来。每当我们费尽心思从别人杂货间满是灰尘的角落里找到宝的时候，总是被人问一句，要这个东西做什么？如果我们有意要买，那更是没有人不一口答应的。

其他国家的实芯互锁游戏

实芯互锁游戏在欧洲的最早记载出现在法国蚀刻师塞巴斯蒂安·勒克莱尔（Sébastien Leclerc，1637–1714）1698 年创作的"科学和美术学院"（L'Académie des Sciences et des Beaux-arts）。[6] 勒克莱尔的优秀创作展现了 17 世纪末法国对艺术和科学全方位的追求与探索。要在这幅眼花缭乱的蚀刻图中找到这个六组件的芒刺游戏，本身也算得上是个益智游戏的挑战吧。

欧洲最早提及芒刺游戏的书是 1755 年版本的魔术书，作者是一位名叫巴勃罗·敏格特（Pablo Minguet）的西班牙蚀刻师和出版商。[7] 他的书里有一张散开的芒刺游戏组件插图。早期的芒刺游戏出现在 1785 年柏林商人彼得·弗里德里希·卡特尔（Peter Friedrich Catel，1747–1791）的广告里。除了一个六组件的芒刺游戏外，卡特尔还有一个复杂的、有 24 根长棍的立方框架。[8] 1857 年纽约出版的《魔术师自己的书》（The Magician's Own Book）中也曾出现过被称为"中国十字"（The Chinese Cross）的六组件芒刺游戏。[9] 我们已知东方最早提到六组件芒刺游戏的是日本御用画师小田切春江（1810–1888）。小田切春江生活在名古屋地区，他把这个游戏称为"智惠算木"，并将其画到了他记载新奇事物的日记里（1836 年）。[10]

至今，六组件的芒刺游戏仍然吸引着益智游戏爱好者们。1977 年，美国益智游戏设计师比尔·卡特勒（Bill Cutler）用电脑算出，每个六组件的芒刺游戏，有 369 种不同的可行制作方法，而且从这些组件中，又有 119979 个不同的方法拼合成实芯的六组件芒刺游戏。[11]

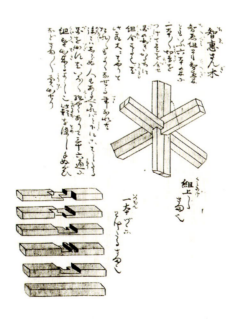

"智惠算木"
1832–1839 年
小田切春江著《名阳见闻图会》

【下页图】
图中的芒刺游戏在哪里？
"科学和美术学院"
塞巴斯蒂安·勒克莱尔
1698 年
法国
蚀刻
25 厘米 × 38.5 厘米
美国纽约大都会艺术博物馆

鲁班锁　251

L'ACADEMIE DES SCIENCES
DEDIÉE
Par son tres humble, tres obeïssant et tres

ET DES BEAUX ARTS
AU ROY.

fidéle Serviteur et sujet Seb. le Clerc.

鲁班锁雕塑

2001年，我们去台湾高雄拜访一群热衷益智游戏的同好。这个团体的发起人是高雄的艺术家、细木工巧匠吴宽瀛。吴宽瀛一生致力于鲁班锁相关的雕塑创作。

从1999年开始，这群同好每周六都会在吴宽瀛的工作室聚会。成员中的曾明山与吴宽瀛是小学同学，从小就是朋友；林义强是一位高中数学教师；黄清茂是一位从1990年就开始收藏各类益智游戏的邮政员；沈岳霖则是一位曾经代表台湾地区去日本参加门窗木工大赛的细木工大师。他们在我们的建议下给自己的小组取名为"高雄智玩协会"，融入了世界各地的益智玩具爱好者的大家庭。我们还推荐了小组的部分成员参加了当年夏天在日本东京召开的第二十一届国际益智游戏聚会（International Puzzle Party）。

转眼十多年过去了，我们因工作需要重访高雄，并与高雄智玩协会的朋友们再次见面叙旧。令我们十分欣慰的是这个团体仍在不断壮大，发起成员们仍旧积极热情地参与各种相关活动。协会秘书林义强对魔方（Rubik's Cube）类玩具的浓厚兴趣吸引了众多年轻益智游戏爱好者加入高雄智玩协会。吴宽瀛则继续用木头、金属和塑料乐高等材料进行视觉艺术创作。2009年，他在高雄港盐埕观光码头将三个12米长、三个6米长的集装箱焊接成了一个18吨重的形似鲁班锁的雕塑。

高雄智玩协会在2015年8月组织了第一届"台湾智玩社群"（Taiwan Puzzle Community）的年度聚会，聚会在台中市举行。与会者不仅来自台湾各地，还有六个智友分别来自广州、福州、北京和香港。看到益智游戏将不同地区的智友聚集在一起，我们真有说不出的高兴。

鲁班锁雕塑
吴宽瀛制
2010年
台湾高雄
长12米

注 释

1 〔清〕唐芸洲：《中外戏法大观图说：鹅幻续编》卷三，上海：上海晋记书庄，1894 年，第 8b 页。

2 〔清〕唐芸洲：《中外戏法图说：鹅幻汇编》卷二，苏州：桃花伶馆，1889 年，第 6b 页。

3 Peter Friedrich Catel, *Verzeichniß von sämmtlichen Waaren, so bey dem Kaufmann Peter Friedrich Catel* (Berlin: 1785), p. 7. 六组件鲁班锁被称为"小魔爪"（Die kleine Teufelsklaue）；二十四组件的被称为"大魔爪"（Die grosse Teufelsklaue）。游戏插图请参阅：Jerry Slocum and Dieter Gebhardt, *Puzzles from Catel's Cabinet and Bestelmeier's Magazine 1785 to 1823* (Beverly Hills: Slocum Puzzle Foundation, 1997), 13.

4 〔清〕唐芸洲：《中外戏法大观图说：鹅幻续编》卷三，第 8a–13b 页。

5 遗憾的是荣兴市场在 2005 年被拆除改建成大楼，海王村市场在 2007 年被翻新。市场改建后租金暴涨，大部分老店主被迫搬到北京北部或南部、远离中心的市场里。这些小店主总是无可奈何地被赶来赶去。

6 Sébastien Leclerc, "L' Académie des Sciences et des Beaux-arts," 1698, Metropolitan Museum of Art, New York.

7 Pablo Minguet y Yrol, *Engaños a ojos vistas, y diversion de trabajos mundanos, fundada en licitos juegos de manos* (Madrid: Oficina de Domingo Fernandez de Arrojo, 1755), p. 58. 这是第二版敏格特书籍。1733 年的第一个版本里没有包含芒刺游戏。

8 见注释 3。

9 *The Magician's Own Book* (New York: Dick & Fitzgerald, 1857), pp. 266–267.

10 ［日］小田切春江：《名阳见闻图会》，名古屋市：1832–1839 年。

11 Stewart Coffin, *Geometric Puzzle Design* (Wellesley, MA: A.K. Peters, 2006), pp. 59–68.

孔明進一退一
張飛周倉向左進一退一
關羽黃忠曹操向左進二
馬超黃忠向右進一
關公向左進一退一
周倉馬超向右進一
關羽向左進一
周倉向左進一退
黃忠周瑜向左進一
關公向右進一退
關羽向左進一
馬超向右進一退二
周瑜向左進二
關公向左進二
黃忠向左進一
馬超向右進一退二
張飛向左進一
周倉向左進一退
孔明周倉向右進
馬超曹操向左進一
關公向右進一退
關羽向左進一
周倉向右進二
張飛向左進一退
曹操周倉向左進
趙雲黃忠進一退
馬超黃忠向左進
關公向右進一退
周瑜向左進一退
孔明黃忠進一退
馬超向左進一
關公向右進二退
黃忠向右進二退
曹操向右進一
周倉向右進一退
關羽向左進一
馬超向左進一退
關公
進中
兒

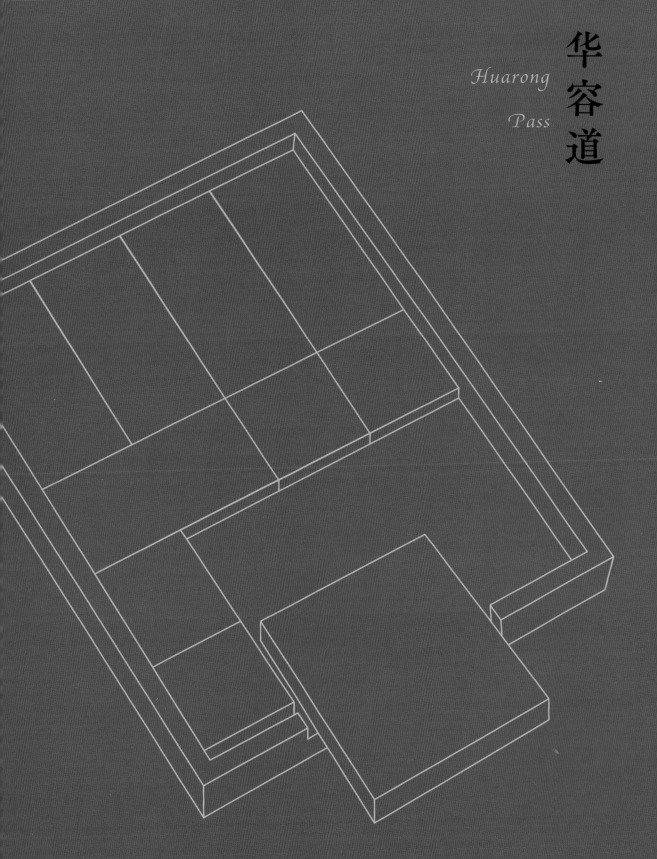

华容道

Huarong Pass

曹瞒兵败走华容，正与关公狭路逢。
只为当初恩义重，故开金锁走蛟龙。[1]

——罗贯中，约 1380 年

华容道

华容道家喻户晓，讲的是赤壁之战后，曹操在逃亡的路上与刘备手下的大将关羽狭路相逢的故事。元末明初的罗贯中在他著名的长篇历史小说《三国演义》中对这场中国历史上被人津津乐道的最著名的以少胜多的赤壁之战有精彩的描写。

华容道的故事是说，公元 208 年，由于战略失误，曹操的二十二万大军在今湖北赤壁的长江上被刘备、孙权的五万水军打败，曹操率残兵仓皇撤退。刘备的军师诸葛亮料事如神，早已算计到曹操没有别的退路，只能败走华容道（今湖北荆州监利县附近），便派大将关羽在此把守。曹操果然被擒，但因其对关羽曾有不杀之恩，关羽念及旧日恩情，义释曹操，使得曹操和他的残兵败将得以回到江陵。

华容道游戏由一个长方形的平底游戏盘和十个滑块组成，游戏盘代表华容道战场，滑块分别代表曹操和要擒拿他的官兵。游戏盘是四乘五单位的长方形，下方中部的两个单位长的缺口代表华容道的出口。游戏开始的布局是：一个四单位见方的滑块代表曹操，置于游戏盘顶的中间；曹操下方平置的二单位的滑块代表大将关羽；在曹操和关羽的左右立着四个二单位的滑块，代表与曹操对峙的将领们；最后在关羽的下方和游戏盘的左右下角是四块一个单位的兵卒。游戏开始时，关羽及兵将们将曹操包围，挡住了他出逃的道路。华容道游戏的目的是通过上下左右滑动这些滑块，帮助曹操从华容道出逃。我们办中国传统益智游戏展览时，互动的华容道游戏很受欢迎，但是大家很快发现，让曹操出逃看起来容易做起来难！

华容道开始布局

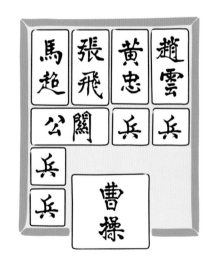

华容道布局结束状况

华容道是一种滑块益智游戏。滑块游戏的定义是："一些板块被围在一个限定的空间里，游戏的目的是将板块通过空隙滑动，最终排列成被要求的状况，或者将其中一个板块移动到一个指定位置。"[2] 具体地说，华容道游戏的目的是要将代表曹操的板块移动到游戏盘下方中间的开口处的指定空间。滑块游戏归属于顺序步骤益智游戏，因为解题只能遵从某种顺序滑动板块才行。

记得有一次，我和张卫从上海乘大巴去相距不远的常熟市。上车后隐隐感觉路程比预期的要长，结果下了车才发现我们到的是常州而不是常熟！原来我阴差阳错买了去常州的票，而张卫因早起太困，竟没有发现这个错误。既来之则安之，我们决定在常州转转，还真在文庙后面找到了个破旧的古玩市场。没有发现什么有意思的东西，倒是有位叫许浩明的老先生说他家有个好玩的益智游戏，让我们等他回去取。还没等我们反应过来他已跳上自行车消失在熙熙攘攘的人群中了。半小时后，老先生带回来的是我们即将买下的、所有藏品中最精美的华容道游戏，演绎了一次完美的"歪打正着"。

这个华容道游戏是用红木制作的、装着十块滑块游戏盘上面还有一个抽拉盖子、盖面刻着繁体字："盖为当初恩义重、故开金锁放蛟龙"，很显然蛟龙是指曹操。值得一提的是游戏盘的下方有一个二单位长的活动嵌条，取下来就是曹操出逃华容道的豁口。滑块分别标有从1到10的数字，顺序排下就是游戏的起始状态。大的六个滑块不仅刻了将领们的名字、还刻有他们的形象。除曹操和关羽外，另几位将领是张飞、赵云、马超和黄忠。这套游戏很可能是20世纪50年代做的。

红木制华容道
20世纪50年代
江苏
长 19.5 厘米

华容道游戏的命名

西北工业大学的中国航空史专家姜长英（1904–2006）教授对这个滑块游戏颇有研究。他在 1949 年出版的《科学消遣》中细述了一个八十七步的解法。也就是在那本书里，他将这个游戏命名为“华容道”。

> 知道曹操之所以能够逃出重围，回到曹营，都是因为关公有意让路，放他逃走。这个正和《三国演义》中华容道的故事相合，所以我为此游戏（取）了这样一个戏剧性的名字。[3]

姜长英在他 1949 年出版的《科学消遣》上做的注释

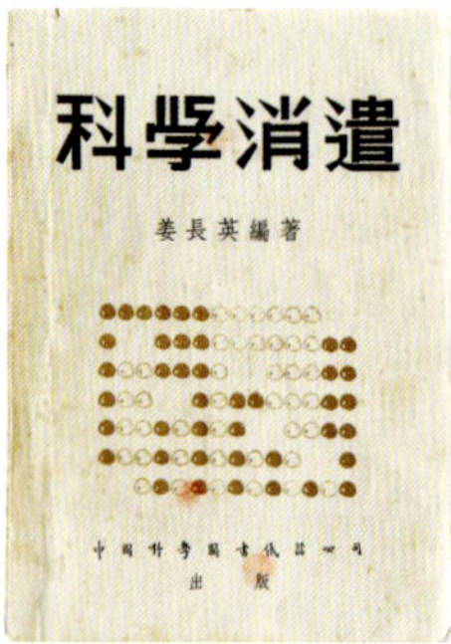

我们的北京智友余俊雄将姜长英教授介绍给了我们，1999 年 5 月，我们在西北工业大学姜长英位于西安的家中拜访了他。当时他已九十五岁高龄，但是头脑清明、思维很敏捷。姜长英认为华容道游戏在 20 世纪 30 年代来自普通群众，并在 30 年代末 40 年代初曾广为流传。他第一次见到这个游戏就是在 1943 年的夏秋之交。

捌

華 容 道

大約在七十年以前，在歐洲曾經盛行過一種游戲，名爲“十五謎”(Fiftee
Puzzle)。 這是一個正方形的棋盤，四周圍包着短圍牆，中間分割爲十六
小方格。 另外有十五個正方形的棋子，上面分別印着 1,2,3,………14,15
數字。這十五個棋子，平放在棋盤上時，除了還空一小格外，恰好佔滿。
有鄰靠空格的棋子，可以移入空位，其餘的都不能動，也不許隨意取出來。
這游戲的開始是先將棋子拿在手裏，隨意將棋子放進盤內，右下方的小格
着不放。此時十五個子在盤內次序是亂的。 游戲的目的，是要一個一個
移動棋子，調動它們的地位，希望能排成 1,2,3,………14,15 的順序。最後
要使空位在右下角。

這種游戲不大容易，所以很能消磨時間。曾有數學家們研究它的原理，
現了這游戲怎樣可以完成與怎樣不可能完成的原則。 在上海也曾見過
“十五謎”出賣，只是它並未流行。我現在不再詳述這個老游戲，我是要介
一種與它相似而又不相同的新玩意兒——“華容道”。

先預備一個長方形的盤，大約有 4 × 7 或 28 個小方格的面積。上部劃
二十個小方格，下部留出一塊不劃格子，如附圖。 爲以後便於說明起見，
方格內註上 $a,b,c,\cdots\cdots s,t$，共二十個英文字母。 其實眞正游戲用的盤上，
不必註字的。

有了盤，再預備大小不同的十個子。下面的表說明這十個子的名稱大小
與游戲開始時在盤上所佔的位置。

將十個子放在盤上，只有 q 與 t 兩小格是空的，曹操已在五虎上將的圍
之中。此游戲的目的是要將子一個一個的移動，使曹操突出重圍，逃入下
的曹營。請讀者費些功夫試一試。試過以後，再看答案。

用 st 代表在 s 的子向右移一步到 t。 用 im 或 mq 代表在 im 的子向

28

華 容 道 29

名 稱	大 小	位 置
曹 操	四方格	bcfg
關 公	二方格	jk
張 飛	二方格	ae
趙 雲	二方格	dh
馬 超	二方格	im
黃 忠	二方格	lp
兵	一方格	n
兵	一方格	o
兵	一方格	r
兵	一方格	s

a	b	c	d
e	f	g	h
i	j	k	l
m	n	o	p
q	r	s	t
曹	營		

五十八

移一步到 mq. 用此代表移動的方法，記錄放走曹操最少的六十五步如下：

im, ji, lp, ol, sk, po, lt, kp, ik, ni, rj, on,
ps, ko, jl, ik, mi, nj, sq, tr, os, kp, jk, ij,
ai, ba, ke, lk, po, dl, ed, ab, ia, ji, kj, on,
lk, dl, bc, jb, nf, rj, qn, sq, ko, lp, cg, bd,
fc, jb, gf, ph, op, ns, fj, bg, ab, ia, ji, go,
hg, ph, sp, qs, im.

照以上的走法試演一回，知道曹操之所以能够逃出重圍，回到曹營，都是因爲關公有意讓路，放他逃走。這個正和三國演義中華容道的故事相合，所以我爲此遊戲了這樣一個戲劇性的名字。

如把路口 q,t 杜塞了，只留 r,s 可通曹營，就須要走了以上的前六十步後，再走以上的二十八步：

五十三

cg, dc, hd, pl, st, os, ij, ai, ba, cb, gf, dc,
ld, jk, fn, bj, ab, ia, ni, qm, sq, tr, ko, jl,
ik, mi, rm, on.

總共走了八十八步，曹操方才逃走。 像這樣，難是難了，不過曹操在最後逃走時，不是關公放走的，華容道這名字就不大合適了。

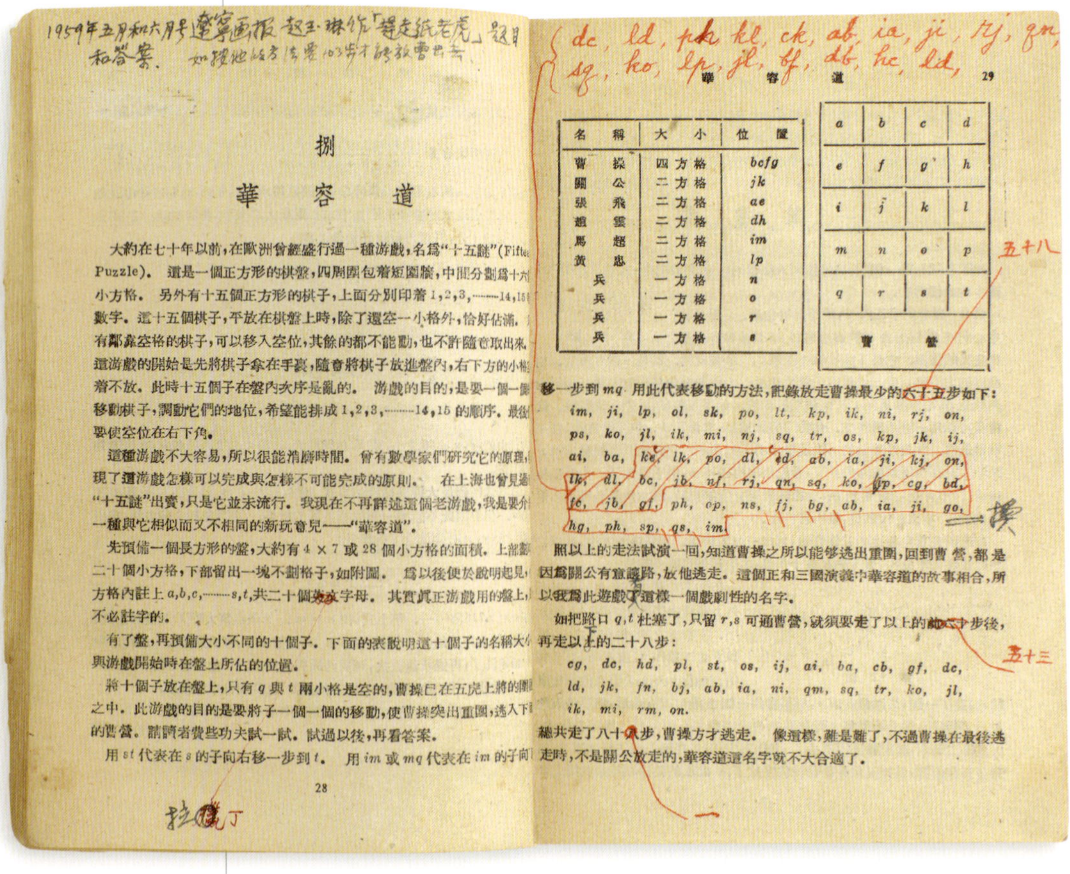

姜长英教授的手稿

> 1943年，我在上海第一次接触到华容道。我没有注意它的历史，只是走了五十多步，从边上放走曹操。从当中出比较费操，要走八十多步。在1949年出版一本书时，我就把华容道写进去，向社会作了介绍。这也许是文字介绍华容道的第一次。后来在五十年代，也有书本和杂志、画报上介绍华容道的。在上海地摊上、文具里有卖纸制的、木制的华容道。到六十年代有了塑料制的华容道玩具。因为玩的人多了，有了进步。我在1979年重写那本书时，总结了群众的智慧，写出了走81步的华容道。
>
> 1982年，我遇到新四军老干部梁青，才知道华容道的老根在新四军。1943年时，梁青在苏北盐城任文化教员，把民间的华容道整理、提高、提倡、推广，把现今流行的基本形式或布阵，题名为横刀立马，并且在四十年前，就已走到81步放出曹操。此外还创造了各种布阵形式，各有名堂，如兵分三路、齐头并进、插翅难飞、以逸待劳、兵不厌诈、层层设防、水泄不通等等，各有复杂巧妙的走法。彭四军里发掘、提倡的华容道，时间最早，内容极丰富，因为没人用文字说明介绍，广为宣传，所以知道的人极少。

姜长英在 1997 年出版的另一本书里提到了华容道的历史及其在中国的流行。[4] 他介绍说，1938 年，抗日战争初始，西北工业大学教授林德宽为了躲避日军的轰炸，从家乡陕西汉中躲到了城固乡下，在那里他看到了孩子们在玩用纸片制作的滑块游戏。

1943 年，来自西安的梁青在新四军任文化教员，从苏北的群众那里学会了这个滑块游戏，并将其在新四军的战士中推广。梁青还收集整理了不同的游戏起始的布局、并给每一个布局都起了一个相应的名字。最常见的布局叫"横刀立马"；其他的还有"插翅难飞"和"层层设防"等。另外还有一些不同难易程度的游戏布局也广为流传。

姜长英教授
在他位于西安的家中

姜长英认为这个滑块游戏可能是在20世纪40年代初从苏北流传到上海的。20世纪50年代初的上海街上已有小贩兜售印刷的纸板制作的游戏。不久他又在上海的文具店里看到有木制的游戏销售。1956年,这个游戏以"关羽放曹"为名在一本数学杂志上发表。后来《辽宁画报》在1959年刊出了这个游戏,还起了个极富时代色彩的名称,"赶走纸老虎"。

到了20世纪60年代,上海的玩具十四厂和上海长春塑料厂都制作了名为"船坞排挡"的塑料滑块游戏。1967年"文化大革命"初期,张卫在新疆石河子的一个商店里买到过一个这样的游戏,忘记游戏的名称了,只记得差不多巴掌大小,是用黄色的塑料片制作的。可惜这个游戏不知丢到哪里去了。

后来,以"华容道"为名、以"横刀立马"作为游戏的起始布局在中国定型并广为流传。华容道的爱好者们在20世纪80年代相互联络学习,并在北京、上海和东北等地举行了比赛。1985年,姜长英创建了民间机构"华容道研究会",会员来自四川、北京、宁夏、上海、东北等地。他们通过信件互相交流研究成果,并撰写了有关华容道游戏的文章和书籍。

不同的华容道游戏的起始布局

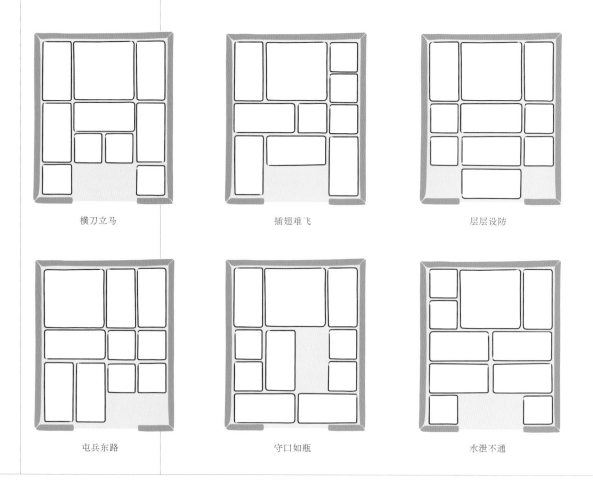

横刀立马　　　插翅难飞　　　层层设防

屯兵东路　　　守口如瓶　　　水泄不通

中国华容道研究会章程（草案）

第一条　本研究会是我国华容道研究者爱好们，为了发掘、研究与发展国宝——中国华容道而自愿组织起来的学术组织。在适当时候经过国家注册参加，目前的经费自理。

第二条　本研究会宗旨是：研究华容道，普及华容道，丰富人民群众的业余生活，提高中华民族的智力水平。

第三条　本研究会的任务：(1)中国华容道是"世界智力游戏界三大不可思议之一"，国际影响深远，但长期来研究水平偏低，普及面狭小，以至被外国研究者遥遥领先。如把，车研究会成立之来，鼎力研究，成果显著这是老会长姜长英教授与全体会员努力结果。因此，研究与发展华容道始终是本会的首要任务。(2)把本会研究成果推广到国内外，为中华民族争光，并促进华容道研究的国际交流。(3)发现与培养研究华容道的人才，并扩大提高民间研究成果，扩大研究队伍。(4)积极开展各种形式的、各种规模的华容道竞赛，使华容道家喻户晓，为提高中华民族智力起到作用。(5)开展学术交流，扩大研究领域，了解国内外华容道研究的动态。(6)密切本研究会与玩具制造厂、新闻界的关系，促普及华容道的工作迅速发展。

第四条　本会理事会由国内关心华容道研究与普及的专家组成。目前分布十个省、市、自治区，今后其它发展空白省份尤其是省城市。原则上，一个省份的理事不超过三人，其中一人兼任该省分会会长，负责各分会联系工作。分会员由各省自行发展，标准是稳、准、好、狠。每年年底将组织名单上报常务理事会备案。理事必须积极参加研究、普及与发展工作。理事到每季度与会长通讯一次。连续一年无音讯者，自动撤消理事职务，交分会会长安排。

第五条　本研究会目前设名誉会长一名、会长一名、顾问四名、常务理事七名，今后根据情况适当调整与增加。

第六条　本研究会秘书机构设在会长所在地，重大事宜由常务理事会通信协商，聆听名誉会长与顾问的宝贵意见，照作作决定。①事务由会长征求三方以上理事作决定，(2)变动情况由会长复印分发或署名。

　　　　　　　　　　　　　　　　　　　　　　姜长英创建的
　　　　　　　　　　　　　　　　　　　　　　"华容道研究会"的章程

　　　　　　　　　　　　　　　　　　　　　　姜长英与全国华容道
　　　　　　　　　　　　　　　　　　　　　　爱好者的信件交流

华容道　265

华容道游戏的起源

艺智堂收藏的古旧华容道游戏大多来自上海和江苏地区,这印证了姜长英的猜想,这个游戏大概先在上海和江苏一带流行。2004 年,我们在上海东台路的古玩街上买到了一个特别中意的华容道游戏。游戏中的滑块上用白色的油漆写有将领们的名字,游戏盘的上方还有几行黑字。

三江口周瑜纵火,
烧赤壁曹操受困。
诸葛亮四面伏兵,
关云长华容解围。

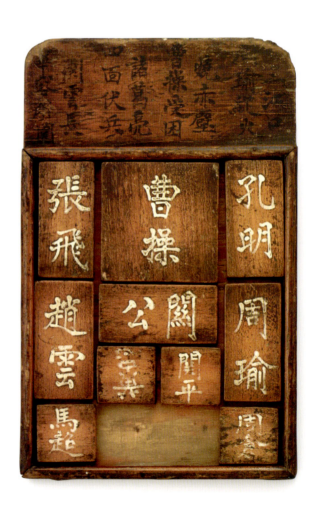

木制华容道
20 世纪 30 至 50 年代
上海地区
长 22 厘米

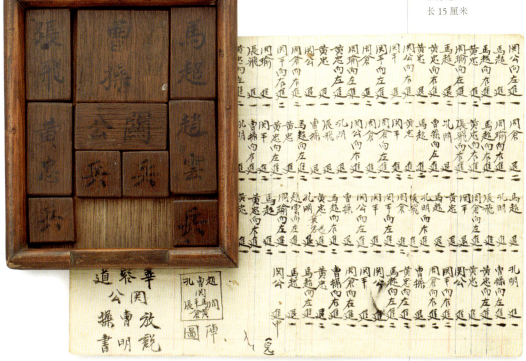

木制华容道和一个图解
20 世纪 30 至 50 年代
上海地区
长 15 厘米

在英国和美国的专利注册中最早期的滑块游戏是 1869 年美国的字母游戏。[5] 接下来的几年里出现了各种不同数量、形状和大小的滑块游戏。最值得一提的是"排十五游戏"（The 15 Puzzle），这是一个在四乘四的游戏盘上顺序排列从 1 到 15 的板块游戏，1880 年在欧美还掀起了一阵热潮。[6] 到了 1907 年，芝加哥的刘易斯·W. 哈代（Lewis W. Hardy）申请了一个与现在的华容道底盘和滑块比例尺寸相同的专利，但因底盘上没有出口，所以哈代的游戏仅限于在游戏盘里。游戏的目的是将大方块从底盘的一角滑到另一角。哈代的专利申请于 1912 年获得了批准。

1932 年，英国人约翰·H. 弗莱明（John H. Fleming）申请了一个类似华容道游戏的专利，并于 1934 年获得批准。弗莱明滑块游戏和中国传统的华容道有着一样的滑块、底盘、连出口也同样在底盘的中下部。游戏目的和华容道相同，需要将大方块滑出底盘下方的出口。唯一不同的是弗莱明游戏的起始布局稍有差异，代表关羽的横向滑块在游戏盘的右下方，而四个小方块在大方块的下方。弗莱明在专利申请里附有一个七十一步的解法。张卫仔

英国人弗莱明 1932 年的
滑块游戏起始状态图

细看过图后，发现弗莱明的解法并非最佳，于是很快又找出一个六十六步的解法。那么还能有比这步骤更少的解法吗？

同样在 20 世纪 30 年代，法国出现了一个起始布局和华容道一模一样的游戏，名字叫红驴子（L'Ane Rouge）。后来这样的滑块游戏在其他国家也出现过，并都带有本国的色彩。马丁·加德纳（Martin Gardner，1914–2010）在 1964 年 3 月刊的《科学美国人》（*Scientific American*）杂志的专栏中报道华容道最少步骤的解法是八十一步，这个解法是美国新奥尔良一位名叫托马斯·B. 莱曼（Thomas B. Lemann）的律师找到的。[7]

木制华容道
20 世纪 30 至 50 年代
上海地区
长 14.5 厘米

姜长英在 1997 年的书中曾这样评介华容道游戏的解法：

> 群众的智慧使 87 步走法一减再减，最后得到 81 步的走法。……报刊上出现的文章说，华容道游戏传到日本、美国，被外国数学家某某、某某发展了华容道，完成了多少、多少步的记录，其实这也不必过分给外国人宣传，这些记录中国人自己早已完成，只是没人记录下来加以宣传罢了。[8]

华容道游戏的起源和发展也许有争议，但毋庸置疑的是，将三国"捉放曹"这样一个有中国特色的经典故事融合在这个有挑战性的滑块游戏里，使得华容道成为在中国最受欢迎的游戏之一。

解华容道游戏

现在木制的华容道游戏在商店和网店都有的卖，电脑和智能手机更有助于电子版本华容道的流行普及。我们对华容道的解法暂且保密，但是给大家一个提示，那就是曹操和围在他两边的蜀将在头二十四步之前是不会动的。因此，在这之前仅仅需要滑动游戏盘下方的七个滑块。试试看，曹操能在八十一步内被你放出华容道吗？

华容道开始布局

第二十四步后的状态

华容道布局结束状态

注 释

1 〔元末明初〕罗贯中（约 1330–1400）：《三国演义》，北京：文化艺术出版社，1990 年，第 50 回，第 410 页。

2 Edward Hordern, *Sliding Piece Puzzles* (Oxford: Oxford University Press, 1986), p. 4.

3 姜长英：《科学消遣》，上海：中国科学图书仪器公司，1949 年，第 28–29 页。

4 姜长英：《科学思维锻炼与消遣》，西安：西北工业大学出版社，1997 年，第 35–37 页。

5 Edward Hordern, *Sliding Piece Puzzles*, pp. 26–29.

6 Jerry Slocum and Dick Sonneveld, *The 15 Puzzle: How It Drove the World Crazy* (Beverly Hills, CA: Slocum Puzzle Foundation, 2006), p. 8.

7 Martin Gardner, "Mathematical Games," *Scientific American*, March 1964, p. 128.

8 姜长英：《科学思维锻炼与消遣》，第 37 页。

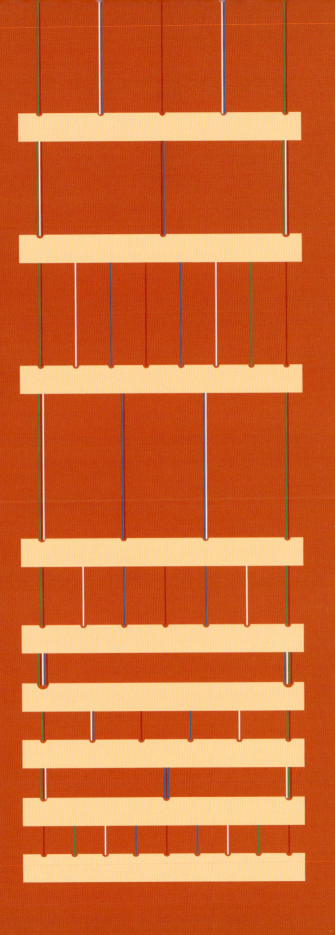

广州制外销益智游戏历史

这里要提到其他一些数学谜题及益智游戏。
虽然缺乏证据，
欧洲很长时间以来喜欢将许多数学谜题
和益智游戏称之为中国的。
也许这是因为欧洲人倾向于把费解的游戏
与他们认为高深莫测的文明联系起来。
这个问题值得在研究数学史的时候进一步考察。

——李约瑟（Joseph Needham），1959 年

广州制漆木游戏匣子

我们萌生收藏中国传统益智游戏的念头是在 1994 年 11 月。当时我们正在编撰一本通过益智游戏教孩子们数学的书。[2] 做研究时，我们在费城艺术博物馆意外发现了一个装有二十五个象牙益智游戏和玩具的黑色漆器中国游戏匣子（Games Box）。匣子很可能是在 1832 年从广州被运到费城的。[3] 再次到访博物馆的时候，工作人员邀请我们进了库房，允许我们戴上白手套拿起这些象牙制品仔细端详。

黑漆匣子里的游戏有的装在雕着庭院花卉图案的小象牙盒里，打开滑盖后可以看到里面两层透雕的七巧板或其他几何拼板游戏。有的盒子里装有十块几何多面体，可以拼成一个立方体；有的盒子装满了切割成型的西语字母。有的是象牙棍组成的立体互锁游戏，有的则是被带有象牙珠子的红丝绳缠绕着的心形或其他结构。这些精美的象牙玩具激发了我们寻找类似藏品的兴趣。

1997 年 2 月，我们的愿望在费城城南班布里吉（Bainbridge）街廖晓梅拥挤的古董店里实现了。我只是随口问了句有没有象牙游戏匣子卖，她居然说："有啊！就是不知道放哪儿了。要不您下午再跑一趟？"幸福来得太突然，我简直不敢相信自己的耳朵。

我下午如约而至，但她告诉我匣子还没找到。我知道最有效的办法往往是锲而不舍、趁热打铁，便装作不在乎地告诉她："没事儿，我坐这儿等着。"果不其然，半小时后她变戏法似的拿出来个漂亮的带铜提手的黑漆描金边匣盒。翻开盒盖，里面是一个订制的丝衬内盒，装有一个玳瑁的、十二个象牙的益智游戏及两本七巧书籍。这是我们这些年在美国、英国、澳大利亚收藏到的十多个 19 世纪游戏匣子中的第一个，每一套都各擅胜场。

两年以后，又一个 19 世纪游戏匣子出现在伦敦佳士得的南肯辛顿（South Kensington）拍卖行。这个匣盒的盖面及四周都有描金绘制的宫廷场景，盒内有两层格架。在拍卖行提供的照片里，游戏被凌乱地堆在一起，看不出是否完整齐全。不过整体品相还不错，我们便赌了一把，将它买了下来。因为里面的游戏含有玳瑁及象牙，佳士得为我们办理了国际濒危物种公约再出口证明书后，才将这套游戏寄到美国。

收到匣子以后，我们把一个个游戏分别放到特属的二十个格子里，不仅对游戏是否完整的担心是多余的，走运的是，我们还得到了七件原本不属于这个匣子的游戏！十五年后，我们又花了十个月的时间办理新的国际濒危物种公约再出口证明书，终于在 2015 年 12 月获得许可将这个游戏匣子从美国带回中国。期待它能早日在中国的传统益智游戏展览中与观众见面。

**装有象牙益智游戏和
七巧书籍的漆木匣子**
19 世纪
广州
盒边长 38.1 厘米

**装有象牙和玳瑁益智
游戏的漆木匣子**
19 世纪
广州
盒边长 41.9 厘米

广州制外销益智游戏历史

广州制外销益智游戏历史

中西贸易

16 至 18 世纪,欧洲商人远渡重洋来中国购买茶叶、丝绸、瓷器和其他特产。他们先是到澳门,后来直接去广州以及其他的沿海口岸。但是 1757 年乾隆皇帝下令关闭了除广州以外所有的中国对外通商口岸。美国商船在 18 世纪晚期也加入了与中国通商的行列。1784 年,"中国皇后号"(Empress of China)离开纽约前往广州,成为首航中国的美国商船,开启了中美之间的贸易。"帕拉斯号"(Pallas)商船紧随其后,从巴尔的摩出发。为了改善英国在中国的贸易条件,1792 年,英王派遣乔治·马戛尔尼勋爵(Lord George Macartney,1737–1806)率领使团向乾隆皇帝贺寿,并请求进一步开放贸易,却未得到乾隆皇帝的恩准。中国除广州以外所有的口岸持续封闭,直到 1842 年第一次鸦片战争以后。

由于欧美对中国精美工艺品的需求与日俱增,广州的牙雕工匠们常常根据西洋客户的要求制作出许多中西合璧或带有西洋色彩的中国艺术品。因此广州作坊的工艺品与北京的作坊相比往往风格迥异。马戛尔尼勋爵的私人秘书约翰·巴罗随其访华时曾到过广州,对那里的象牙制品赞不绝口:

> 所有的机械操作艺术的最高水准体现在广州人的炉火纯青的牙雕技艺上。……在所有儿童玩具、各种各样的饰品和小玩意中,中国的工艺之精湛、价格之优惠是世界上任何一个地方都无法比拟的。[4]

当时在广州的西洋商人的一切活动都被限制在珠江港口到城墙之间。他们从富可敌国的中国商人那里租用住房和仓库,这个被称作珠江十三行商馆区的狭小地带集中了所有公行商人的居住区、营业区、仓库以及驻外代理机构。由于气候或生意上的原因,商船一般在珠江口码头一停就是几个月,因此船长和

十三行商馆区以及背后的广州城(局部)
中国佚名画师
纸上水彩和水粉
约嘉庆五年(1800)
62.2 厘米 ×119.4 厘米
美国马萨诸塞州
皮博迪埃塞克斯博物馆

商务总管（supercargo）有充足的时间在当地购物，思乡的人们又总是愿意掏出口袋里的银子给生意伙伴或亲朋好友买些最精美的中国礼品。于是诸多中国工艺纪念品商店在珠江十三行商馆区内的同文街、靖远街和新豆栏街等处应运而生。商店里琳琅满目地摆满了广州牙雕作坊里制作的象牙折扇、象牙梳子、象牙匣子、象牙镂雕鬼工球、迷你象牙船、象牙玩具以及象牙益智游戏。[5]

广州制外销游戏

当时外销的益智游戏由广州、香港的 Hoaching、Linching、Lee Ching、Wah Loong、Cumwo 和其他几个商行制作销售。[6] 这些商行的西文名号随着他们的产品流芳百世，而那些作坊里夜以继日工作的匠人却默默无闻。一个牙雕学徒在头四年里除了最基本的食宿是没有薪资的。即使学成之后，工匠们的月薪（即使包伙）还是少得可怜。难怪手艺高强的匠人一旦时机成熟都会自立门户，在自己的作坊内加工艺术品。

打钻

锯

雕刻

牙雕工匠们在打钻、锯及雕刻象牙
广州
1936 年

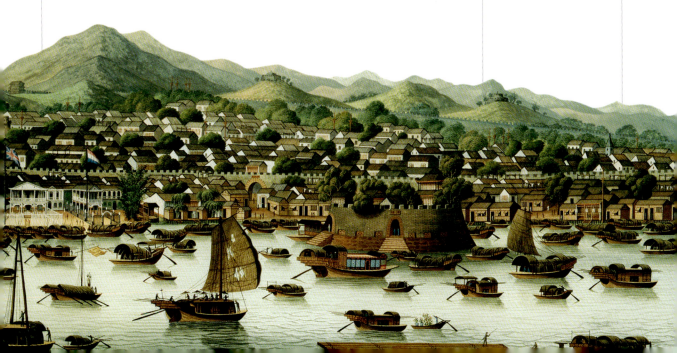

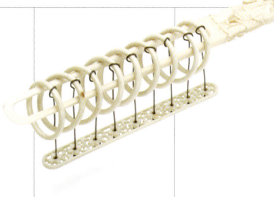

象牙制铜丝梗九连环
19 世纪
广州
长 23 厘米

象牙管穿丝绳
19 世纪
广州
管棍长 8.5 厘米

小奥斯蒙德·蒂凡尼是哈佛大学的辍学生，父亲是巴尔的摩的富商。1844 年 5 月，二十一岁的小蒂凡尼随着三桅帆船"先锋号"（Pioneer）商船出发，并于当年 9 月下旬抵达广州。由于不用在船上工作，他把在广州的所有时间都花在了观察中国人的日常生活上。他后来写道："我下定了决心要想办法与当地居民接触，而不是被圈在十三行商馆区内，只能从别人写的书里得到二手信息……"[7] 小蒂凡尼在四个月里逛遍了广州的工艺品店，并感叹道：

> 商家从每层货架上拿出来的奇奇怪怪的玩意儿都能让你忘乎所以地看一个早上。除此之外他还有好多益智游戏。最有名的是在美国很常见的连环游戏；那些环被金属丝连接着，一环套一环，可以滑上滑下，得用一种乍一看几乎不可能的巧妙办法才能解开。
>
> 另外一种神秘的玩具由三到四个空心象牙管子组成。管子两端封闭，两侧各有一排穿孔。这些空心的象牙管棍通过这一排排的穿孔间的丝绳可以来回移动。奇妙之处在于，头两根管棍之间有四条丝绳，第二根和第三根之间只有三条丝绳，而第三根和第四根之间只有两条丝绳。将第二根管棍移向第三根时，上面的四条丝绳拉长，而下面的三条丝绳缩短。当你将第二根管棍移向第一根时，上面的四条丝绳缩短，而下面的三条丝绳拉长。为什么移动中间两根管棍就能依次减少地把那四条丝绳变成三条、三条丝绳变成两条，而每一次的移动中三条丝绳并不比四条丝绳粗、两条丝绳并不比三条丝绳粗，实在是弄不懂。[8]
>
> 另外一个游戏则由六七块形状各异的黄杨木或檀香木组成。通常还带有一本书，里面有好几百个将板块拼组成不同图案的方法。[9]

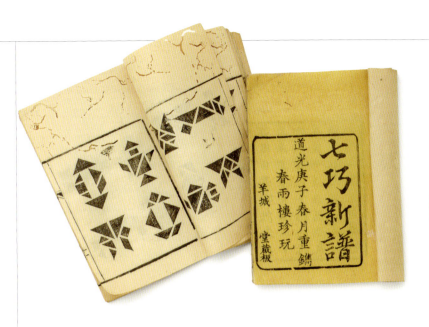

檀香木雕刻七巧板以及书籍
清道光二十年（1840）
广州

盒装牛角、珠母贝、檀香木、玳瑁、象牙雕刻七巧板
19 世纪
广州
盒边长 5.7 厘米至 7.7 厘米

小蒂凡尼提到的那"六七"组件的形状各异的板块当然是七巧板。除了用檀香木或黄杨木以外，广州的工匠们也用象牙、玳瑁、牛角和珠母贝等材料以透雕、浮雕或蚀刻的方式制作出精美的七巧板。这些制作华丽的外销七巧板与那些内销的或人们自制的实用型厚实素面的七巧板形成了鲜明的对比。

弗朗西丝·埃尔德夫人和她曾祖父购置的盒装象牙益智游戏及七巧板小册子《中国益智游戏》
美国马萨诸塞州楠塔基特
2006年

19世纪50年代,"浩官号"(Houqua)商船船长威廉·卡特赖特(William Cartwright,1819–1864)从广州回到了他在美国马萨诸塞州楠塔基特岛(Nantucket Island)的家。在他带给家人的大大小小的礼物中就有一套装在锦盒里的十件象牙益智游戏。1998年11月,我们去楠塔基特拜访了卡特赖特的曾孙女弗朗西丝·埃尔德(Frances Elder)夫人。埃尔德夫人给我们展示了一盒用得很旧的益智游戏和配套的七巧板小册子《中国益智游戏》。小册子的封面用英文写着"Chinese Puzzle"。

由于常年在外奔波,卡特赖特的太太柳克丽霞(Lucretia)有时也会随夫远航。埃尔德夫人给我们看了她祖母安妮·卡特赖特(Annie Cartwright)描述自己出生经历的一封信。1860年11月的一个深夜,"浩官号"商船挣扎着在大西洋风暴中向北方的纽约挺进,突然柳克丽霞要分娩了。此前卡特赖特船长"从未见过新生儿,因为前几个孩子出生时他都在远航"。但船长临危不乱地在惊涛骇浪中亲手把女儿安妮接到了人世。由于毫无准备,卡特赖特夫妇只得在商船上找来刚从中国买到的外销瓷中的一个硕大的海碗给女儿作澡盆。[10]

拜访埃尔德夫人后不久,我们就在纽约的一个古董店里找到了一个与埃尔德那套相似的锦盒游戏匣子。这个远近闻名的古董店是已故的伊迪丝与乔尔·弗兰克尔(Edith and Joel Frankel)夫妇经营的,在纽约大都会艺术博物馆附近的麦迪逊大道上。盒盖内部用红纸裱糊,里面的帖签上印有商号名"Hoaching from Canton"。除了十一个象牙玩具和益智游戏以外,还有两本七巧板的书——分别是图题和解图。Hoaching是一个多产的牙雕作坊,主要作品出自19世纪40年代初至1880年间,当年是广州大名鼎鼎的高档金银器、雕刻象牙、玳瑁、珠母贝和檀香木制品的制造商,甚至在1876年费城举办的美国独立一百周年世博会上展出了他们的牙雕工艺品。[11] 一本1867年的英文游客指南对这个家庭经营的商号有以下的描述:

> 专门为西方顾客服务的店铺聚集在广州珠江南岸的街上,尤其是在"Club Street"。这条街上的亮点是以雕刻登峰造极的象牙艺术品而著名的Hoaching店。店主是两兄弟,继续经营着他们的父亲在多年前创办的这个店。他们不仅经营的商品质量上乘,而且待客诚实。[12]

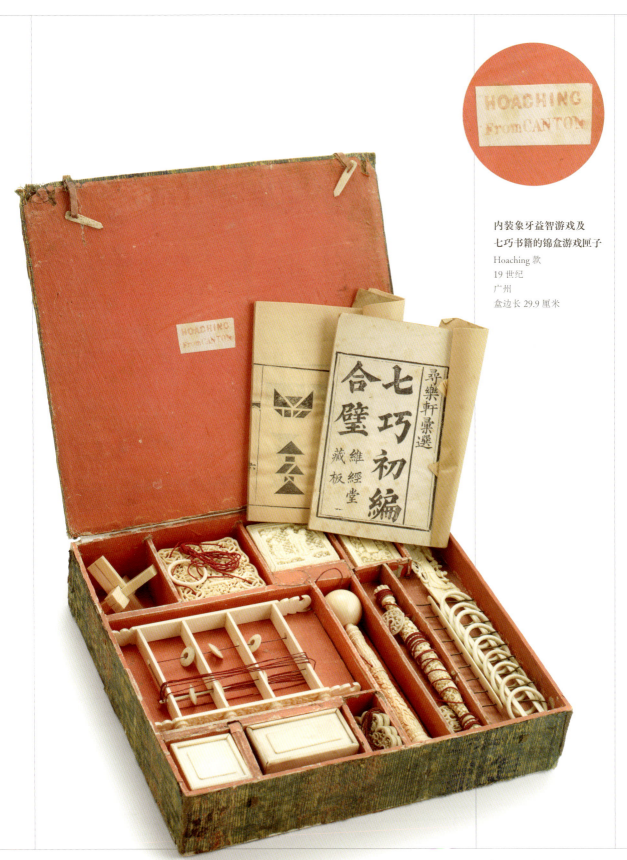

**内装象牙益智游戏及
七巧书籍的锦盒游戏匣子**
Hoaching 款
19 世纪
广州
盒边长 29.9 厘米

象牙益智游戏、玩具、七巧书籍
Linching 款
19 世纪中期
广州

Linching 行商标

  2003 年 6 月，我们去利物浦花了整整一天与利物浦博物馆中国金属器顾问埃尔登·沃绕（Eldon Worrall）在一起。沃绕说他的高祖托马斯·丹尼森·沃绕（Thomas Dennison Worrall，1830—1873）曾经从事与中国对外贸易有关的工作，并拿出了祖传的从广州带回来的一小套象牙益智游戏。

  六年后我们重游利物浦时，沃绕把他祖传的象牙益智游戏以他母亲的名义赠送给了艺智堂收藏。沃绕的母亲多萝西·沃绕（Dorothy Worrall）夫人的娘家也曾与中国有贸易往来。这套十一件象牙益智游戏和玩具外加两本七

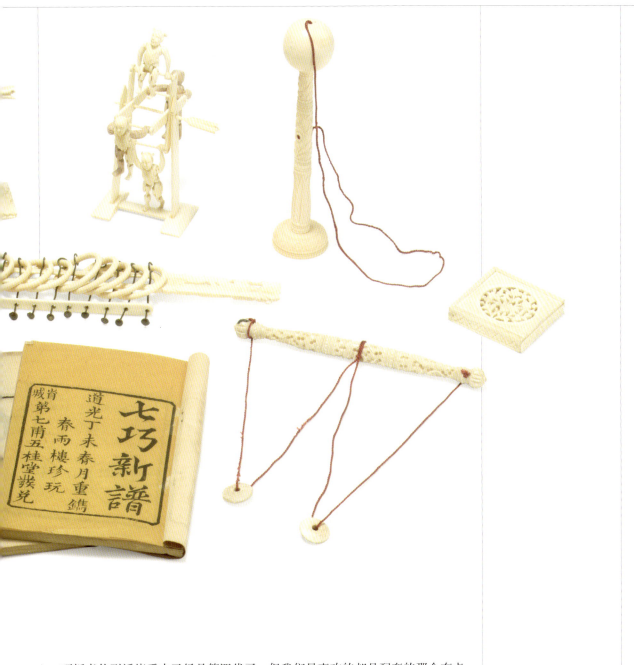

巧板书传到沃绕手中已经是第四代了、但我们最喜欢的却是配套的那个有点残破的锦盒盖。锦盒盖里面的一张纸标签注明这些象牙益智游戏和玩具是从广州靖远街（Old China Street）30号Linching行购得的。当时的Linching行除了牙雕以外还出售许多玳瑁和珠母贝工艺品。我们与沃绕传家宝的缘分、还有他们祖上的故事，使一百五十年前门庭若市的广州商行和牙雕工匠们忙碌的画面愈发清晰起来。

广州制作的西方游戏

虽然七巧板是中国的发明,许多广州游戏匣子里的一些游戏却有欧洲木制或素面象牙的原型。贸易商人们将这些游戏的样件带到广州,然后让广州的作坊将它们复制成带有中国风格的版本。其中最明显的洋为中用的游戏例子便是一个用五块平面象牙板块拼组成的基督十字架,放置在一个长方形的盒子里,盒面上也刻有十字。

这种游戏早期的文字记载出现在 1857 年纽约和伦敦出版的书中。[13] 这个游戏也在约 1925 年出版的中文小册子《小游戏》中出现过。[14] 读者们不妨依葫芦画瓢把五块象牙的形状复制到纸上,剪下来之后看看是否能拼成一个十字架。

中国七巧板书籍问世五年后的 1817 年和 1818 年,西方开始出版七巧板书籍。那时七巧板的英文译名"tangram"还没有创造出来,因此在英国和美国,七巧板被称作"中国益智游戏"(Chinese Puzzle)。其他国家也使用类似的名称:如法国的"Énigmes Chinoises"或"Casse-tête Chinois",德国的"Chinesische Rätselspiel",意大利的"Giuoco Chinese",荷兰的"Chineesch Raadsel",丹麦的"Chinesiske Gaadespil"以及瑞典的"Chinesiskt Gåtspel"。[15]

由于七巧板起源于中国,将这个游戏称为"中国益智游戏"是很确切的,但随着各种各样精美的广州制作的益智游戏出口到西方,西方人开始将其他益智游戏的起源地也都附会给中国。本书中介绍的连环游戏不论是在当时还是现在都被称为"中国环"(Chinese Rings)或"中国环游戏"(Chinese Ring Puzzle),尽管其历史在东方和西方都可以上溯到 16 世纪。有些书则将本书里的六组件芒刺游戏称为"中国十字"(Chinese Cross),即使这个游戏的起源不详。"中国梯"(Chinese Ladder)和"皇家秤"(Imperial Scale)这类游戏的起源就更无从判断了。

盒装象牙十字架游戏
19 世纪
广州
盒边长 8.2 厘米

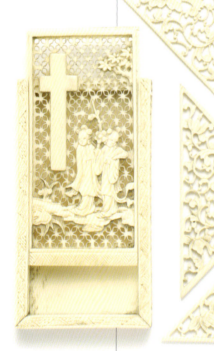

英国科学史专家李约瑟（Joseph Needham，1900-1995）在其巨著《中国科学技术史》（*Science and Civilisation in China*）中曾提到过这种未经考证的命名现象。如本章开篇的引用所述，他认为这要归结于"欧洲人倾向于把费解的游戏与他们认为高深莫测的文明联系起来"，并总结说，"这个问题值得在研究数学史的时候进一步考察"。

著名的英国魔术及益智游戏作家安吉洛·约翰·刘易斯（Angelo John Lewis，1839-1919）曾用"霍夫曼教授"（Professor Hoffmann）的笔名在1893年写过一本名为《新老益智游戏》（*Puzzles Old and New*）的书。书中描述"中国梯"（Chinese Ladder）时，曾提到"据说是从中国进口来的正宗中国的东西"。[16] 但除了名称，这种游戏只在众多的中国外销游戏匣子里出现，我们尚未发现这种游戏源于中国的确凿证据。

中国梯是一个梯子状的象牙制游戏，上面有四个横板，每个横板上有两个小孔。一根约一米长的丝绳一头用象牙珠子打结固定，另一头从最上端横板起，依次向下穿过每个横板同边的孔洞，又从横板的另一边孔洞依次向上穿出。丝绳每穿过两个横板之间时还要格外穿过一个象牙珠扣，丝绳头则穿在一根象牙针上。中国梯游戏的目的在于把所有的象牙珠扣在不解开丝绳的情况下从梯子中取下集中到一起来。

象牙"中国梯"
19 世纪
广州
高 14.8 厘米

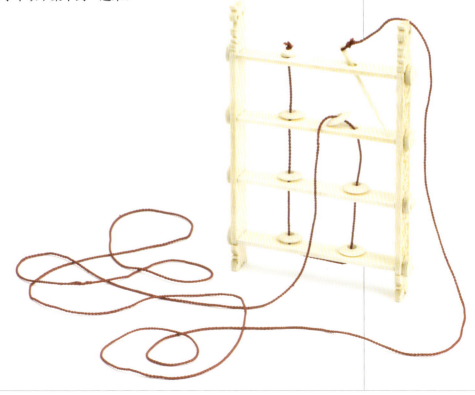

另外一个像立体七巧板的象牙游戏我们从未在中国见过。这个游戏不是像七巧板那样平面地拼成一个正方形，而是将十块立体的几何形状都恰到好处地放入一个立方的象牙匣子中，随后滑盖还能自如地盖上。

这个游戏一定让所有人都抓狂，因为每次当我们发现这种象牙切割立方体游戏时，没有一次是十块散件都按原样放在盒子里的，一般都是被零散地包在一起，很可能因为人们把它们从盒子里拿出来后却不知道该怎么放回去了。张卫对最优化利用空间的分析常常是既快又准，很快就能将这十个散件放入盒内。我虽没有她那过人的本事，但也笨鸟先飞、偶尔还能发现点捷径。有一次我突然发现牙雕工匠都是从同一块象牙上分割出这十个立体几何块的。真正的象牙有自己独特的纹路，果然我按照象牙纹路把相邻的立体几何块放到一起之后，匣子滑盖就轻易盖上了。

象牙切割立方体游戏
19 世纪
广州
高 3.8 厘米

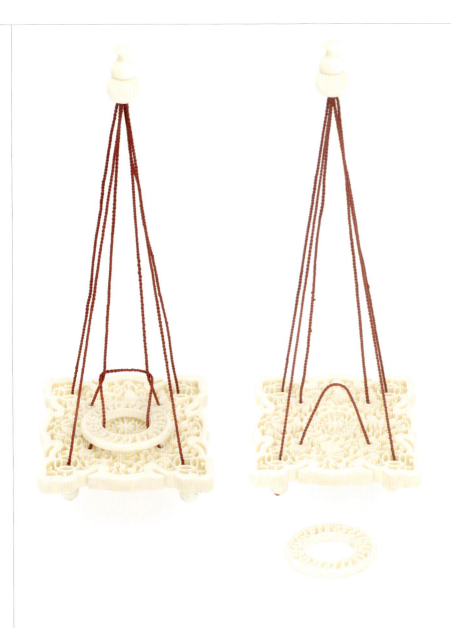

象牙"皇家秤"
19 世纪
广州
边长 7 厘米

　　还有一个常出现在游戏匣子里的益智游戏在霍夫曼教授 1893 年的书中被称为"皇家秤"(Imperial Scale),这个名字被沿用至今。[17] 但是早在 1785 年,一个十分类似的益智游戏出现在柏林商人彼得·弗里德里希·卡特尔(Peter Friedrich Catel,1747–1791)的数学及科学教具的广告名录里,它被称为"简单环游戏"(Das einfache Ringspiel),跟中国没有丝毫关系。[18] 这个游戏在 1828 年伦敦出版的《男孩子自己的书》(*The Boy's Own Book*)中被称为"秤盘和环游戏"(The Scale and Ring Puzzle)。[19] 显然,这个名字与中国或中国的皇帝也沾不上边。需要强调的是,这个游戏我们也从未在中国见过,因此这个游戏的中国起源之说是站不住脚的。

解『皇家秤』步骤

皇家秤是一块被四根丝绳吊起来的正方形象牙板，中间有四个孔，四个角也各有一孔。四根丝绳在象牙板背面分别由四个象牙珠子固定住，另一头则集到一起打成结。第五根丝绳在象牙板上下穿梭将象牙环套在里面后，丝绳的两头并入顶端的线结。游戏的目的是要在不解开线结的情况下，将线套中间的象牙环解脱出来，然后按原样放回去。

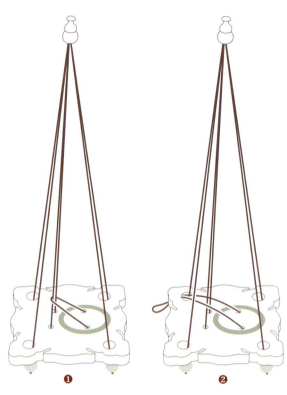

❶ ❷

❼ ❽ ❾ ❿

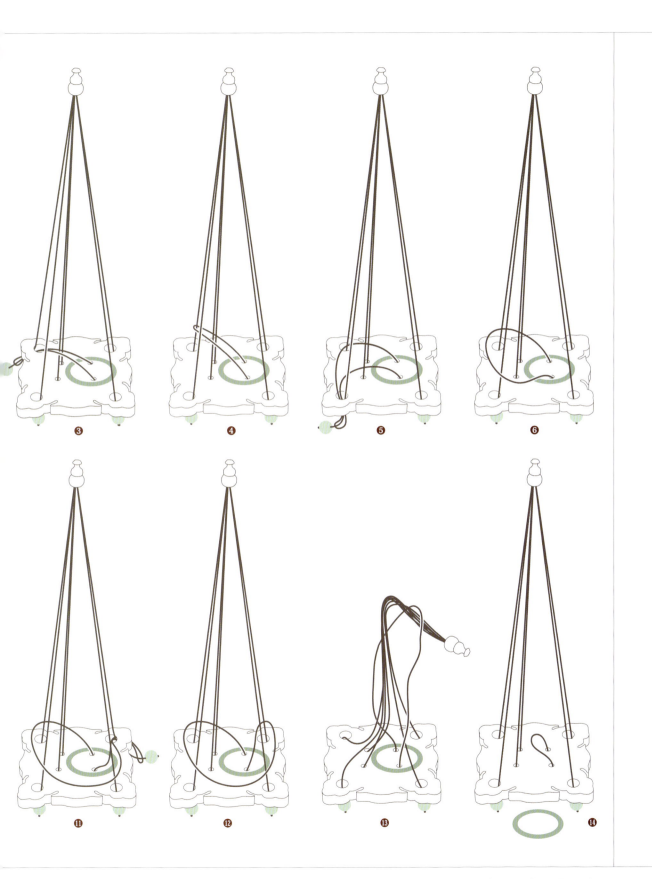

给朋友的遗赠

时不时、有人会问我们是否有意购买他们的古旧益智游戏。2014 年，我们就收到过一张有着十二个象牙益智游戏的方形掀盖漆盒的照片。看起来，不仅纸板内盒老化破损严重、连里面的游戏都不齐全。一般这样的品相不会勾起我们购买的欲望，但这个盒子确实与众不同，里面居然有一封美国马萨诸塞州的安妮·L.巴克利小姐（Miss Anne L. Buckley）的手写书信，说是要将这套益智游戏遗赠给一位叫日内瓦（Geneva）的年轻朋友：

亲爱的日内瓦，

我将这套中国游戏盒留给你，因为你曾经在我这儿玩过它们。这些象牙游戏是别人80年前给我的。

起先那些象牙盒不用胶水粘都十分牢固，但现在象牙已经变得很干；还有些丝绳断了，有些组件也丢了。我孩提时代常得到允许去玩这些游戏。

有些游戏我从来都没弄清楚是怎么个玩法。"小球和杯"游戏我曾经很熟悉，顾名思义就是将球抛起后用杯子接住。"梯子游戏"里的象牙针遗失了。还有个盒子里收纳了奇形怪状的象牙块。有一回"珍珠"·莫尔（Pearl More）花了整整一天才总算把这些象牙块放回盒子里去，而我从来都没成功过。

另外两盒游戏很容易。一个拼成十字架，另一个拼成两个正方形放入盒内。那个带环的游戏应该是想办法将那些环从棍柄上取下来又套上去……

这些价值不菲的游戏原是我父亲的朋友在做生意途经新加坡时买来送我的。

A.L.B

信封上有人注明安妮·巴克利生于 1871 年 1 月 19 日，并于 1957 年 4 月 17 日去世、享年 86 岁。在 1880 年左右收到这套游戏时，她应该已经九岁了。信封内还附有一张小纸片，注明一个叫莎拉·E.莫尔（Sarah E. Moore）的人在 1905 年 8 月 6 日画的图解。图中显示了象牙切割立方体，也就是巴克利小姐遗赠信里说的"奇形怪状的象牙块"成功放入正方形象牙盒内后，顶层表面的几何图形。这里所说的莎拉·E.莫尔和"珍珠"·莫尔很可能就是同一个人。

装有象牙益智游戏和遗赠信的漆木匣子
约 1880 年
广州
盒边长 32.3 厘米

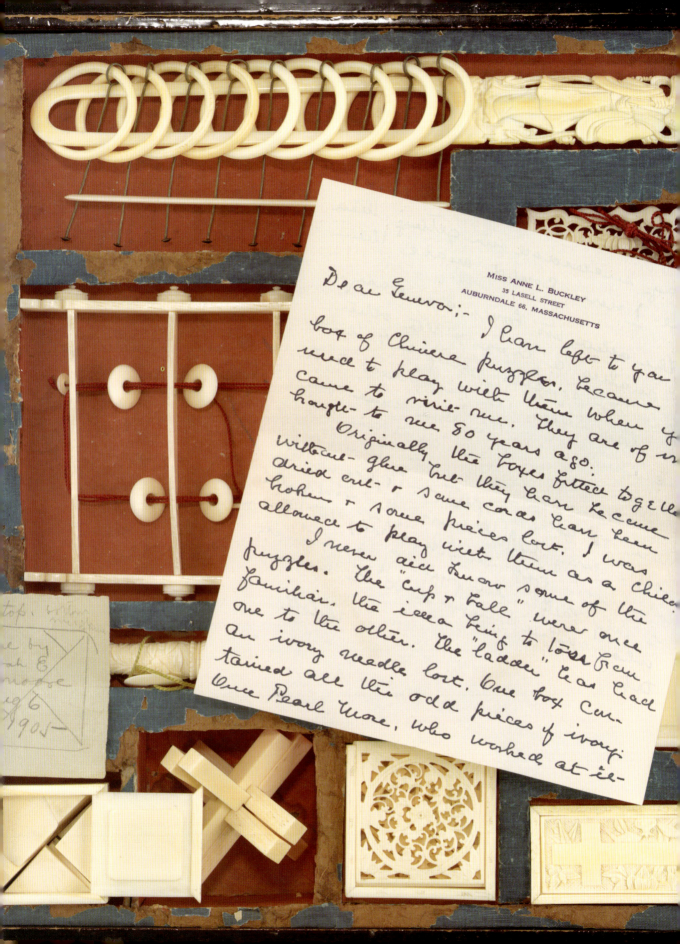

"奇玩店"货架上牙雕
益智游戏的照片
约翰·汤姆森 摄
清同治七年（1868）
香港
24.5厘米 × 27.5厘米

从中国奇玩店到西方豪宅的客厅

1998年，我们在香港九龙一家书店的一本展览图册里翻到了一张街头牙雕商铺的老照片。[20] 仔细查看后，我们喜出望外地发现商铺货架上摆满了我们收藏的外销游戏匣子中的十多个游戏和玩具。大家不妨试试眼力，看看自己能认出来多少。

这张名为"奇玩店"（Curio Shop）的老照片是苏格兰摄影师兼旅行家约翰·汤姆森（John Thomson，1837–1921）拍摄的。[21] 里面再现了香港皇后大道60号的 Wah Loong 和 Cumwo 牙雕工艺品商铺，其中 Wah Loong 是广州的商铺，专卖丝绸与漆器。在这张摆拍的照片中，持扇的店主站在柜台前，两名店员在柜台内。货架上摆满了牙雕，其中显而易见的益智游戏有三个九连环、两个六组件芒刺游戏、一个中国梯，玩具则有五个"小球和杯"游戏、三个杂技小人儿、一个陀螺。汤姆森是这样描述他的照片的：

> 中国的店铺商人完全是另一个阶层，彼此之间不吝炫耀各种贵重器皿、广州丝绸、牙雕珠宝、瓷器字画等财富。走进一个广东商铺时，英文流利的店主会亲自迎客。只见他上身着山东绸，下身穿深色的绉纱裤，系着白色绑腿，脚踏两只刺绣天鹅绒鞋……他的伙计也打扮得一丝不苟，站在一尘不染、摆满了玩意儿的黑檀玻璃柜台后面……这些人一般来说……都是卖价公道的良商。不管客人要买多么便宜的游戏玩具，他们都会毕恭毕敬，好像在接受一船刺绣丝绸的大订单一样。[22]

汤姆森是最早来到东方的西方摄影师之一，他记录了东方的人文风景和民俗工艺。1868年3月，汤姆森在离 Wah Loong 和 Cumwo 牙雕店很近的皇后大道29号的商业银行大楼里开设了一个摄影工作室。那年9月，《中国邮报》（The China Mail）发表了一组"惊艳无比"的四十张汤姆森拍摄的香港照片，并称赞这是"有史以来最完美的远东视图"。评论家给这张照片以最高评价：

> "奇玩店"是（汤姆森的市井照中的）极品；不仅仅因为那四位当事人完美的姿势，还因为那每一件待售的商品——立体棋子、扇子、上百件精雕细琢的牙雕工艺品，甚至牙雕主人公手中扇上一行行的中国书法都和真扇子上的书法一样清楚。[23]

汤姆森那个时代到香港旅行的西洋人并不随身携带照相机，而是去汤姆森的工作室这样的商业摄影工作室购买现成的装订成册的照片。如今的古董商把那些老相簿拆开，将照片一张张零售给收藏者。

在香港发现汤姆森的照片一年之后，我们拜访了丹尼斯·乔治·克罗（Dennis George Crow）。克罗是 19 世纪亚洲摄影作品专家，在他位于洛杉矶家中的展厅里，我们问他知不知道哪里可以买到"奇玩店"的照片。克罗从小在香港长大，他的曾祖伯是 1911 至 1937 年生活在上海的商人、媒体人兼作家卡尔·克罗（Carl Crow，1884–1945）。克罗前一年曾经出售过一张"奇玩店"的照片，他告诉我们，只要有耐心，总会有另一张"奇玩店"在市场上出现。果然两年之后，他帮我们找到了一张"奇玩店"。我们不禁感慨等待某一个藏品浮出水面一定要有极大的耐心、最恰当的时机和阻挡不了的运气，最终才是"功夫不负有心人"的一刻。

广州作坊制作的巧夺天工的牙雕纷纷被运往美国和欧洲，成了有钱有闲阶级的消遣。正如这幅由法国画家路易－艾米勒·皮内尔·德·格朗尚（Louis-Émile Pinel de Grandchamp，1820–1894）绘制的《中国游戏》（*Jeux Chinois*）展现的那样。这幅画还在 1882 年法兰西美术院举足轻重的巴黎沙龙双年展上展出过。[24]

油画展现了在奢华的庭院中的两位年轻女子，其中一位兴致勃勃地看着另一位试图把象牙九连环解开。油画左下方打开的游戏匣子里还能见到几个其他类型的益智游戏。

我们购得的成套或零星的广州制象牙益智游戏和玩具除了来自美国的费城、纽约、波士顿及纽波特、欧洲的伦敦、利物浦、阿姆斯特丹，还有来自新加坡和澳大利亚的。有一套上面甚至贴有印度辛吉伯坦书籍文具商店（J. Higginbotham、Bookseller & Stationer）的标签。这个位于印度南部马德拉斯的书店成立于 1844 年，至今仍在运营。广州制象牙益智游戏和玩具偶尔还能在拍卖会或旧货市场上见到，尤其在英国为多，但随着世界各地对象牙贸易进行严格限制甚至加以禁止，如今已很难把象牙制品从一个国家合法地运到另外一个国家了。19 世纪牙雕益智游戏藏品丰富的博物馆包括：美国马萨诸塞州塞勒姆市（Salem）的皮博迪埃塞克斯博物馆（Peabody Essex Museum）、费城艺术博物馆、印第安纳州布卢明顿的印第安纳大学图书馆的斯洛克姆益智游戏收藏（Slocum Puzzle Collection）、丹麦国家博物馆、荷兰莱顿（Leiden）的国家民族学博物馆、澳门博物馆以及广东省博物馆。

【右页图】
《中国游戏》油画
路易－艾米勒·皮内尔·德·格朗尚　1882 年
法国
80 厘米 ×65.1 厘米
私人收藏

注 释

1. Joseph Needham, *Science and Civilisation in China, vol. 3, Mathematics and the Sciences of the Heavens and the Earth* (Cambridge: Cambridge University Press, 1959), p. 111.

2. Wei Zhang, *Exploring Math Through Puzzles* (Berkeley: PQ Innovations, 2011).

3. Jean Gordon Lee, *Philadelphians and the China Trade, 1784–1844* (Philadelphia: Philadelphia Museum of Art, 1984), p. 201.

4. John Barrow, *Imperial Palace of Yuen-Min-Yuen, and on a Subsequent Journey through the Country, from Pekin to Canton* (London: T. Cadell and W. Davies, 1804), pp. 308–309.

5. Carl L. Crossman, *The Decorative Arts of the China Trade* (Woodbridge, Suffolk, UK: Antique Collectors' Club, 1991), pp. 15–20.

6. 在 19 世纪的广州和香港，对外贸易的中国工艺品店铺常会使用其店主外文名的拉丁字母拼写店名。遗憾的是，由于这个原因，许多店铺对应的中文名字没有存留下来。

7. Osmond Tiffany Jr., *The Canton Chinese, or the American's Sojourn in the Celestial Empire* (Boston: James Monroe, 1849), p. vii.

8. William E. Robinson, *Spirit Slate Writing and Kindred Phenomena* (New York: Munn, 1898), pp. 123–125. 作者在这里描述了一个更加复杂的类似游戏："中国魔棍……是一个绝妙的发明，与其说是玩具不如说是戏法。这个游戏来源于中国，蚀刻图中的游戏是在加利福尼亚州旧金山的中国城购得的。这个游戏由八根竹制或象牙制空心管棍组成，每一根管棍上都有七个间距平均的小孔。"虽然象牙制的这类游戏常出现在广州出口到西方的游戏匣盒中，我们在中国却从来没有见过这类游戏。

9. Osmond Tiffany Jr., *The Canton Chinese*, pp. 93–94.

10. Michael A. Jehle, *From Brant Point to the Boca Tigris: Nantucket and the China Trade* (Nantucket, MA: Nantucket Historical Association, 1994), pp. 100–103.

11. *Catalogue of the Chinese Imperial Maritime Customs Collection, at the United States International Exhibition, Philadelphia, 1876* (Shanghai: Statistical Department of the Inspectorate General of Customs, 1876), pp. 94–95.

12. William Frederick Mayers, N.B. Dennys, and Charles King, *The Treaty Ports of China and Japan: A Complete Guide to the Open Ports of Those Countries, Together with Peking, Yedo, Hongkong and Macao, Forming a Guide Book and Vade Mecum for Travellers, Merchants, and Residents in General* (London: Trübner, 1867), p. 182.

13. *The Magician's Own Book, or The Whole Art of Conjuring* (New York: Dick & Fitzgerald, 1857), p. 272; *Parlour Pastime for the Young* (London: James Blackwood, 1857), p. 178.

14. 《小游戏》，上海：世界书局，1925 年，第 75–76 页。

15. Jerry Slocum, *The Tangram Book* (New York: Sterling, 2003), pp. 186–190.

16. Professor Hoffmann, *Puzzles Old and New* (London: Frederick Warne and Co., 1893), p. 30. 另外一个更早提及用象牙和丝绳制作的"中国梯绳游戏"出现在 1868 年秋季出版的《客厅游戏与娱乐的节日通讯》（*The Holiday Journal of Parlor Plays and Pastimes*）第六页里的广告中，广告商是波士顿亚当公司（Adams & Co., Boston）。

17. Ibid., pp. 31–32. 一个更早被提及的"皇家秤"的名字出现在 W.H.M. Crambrook, *Crambrook's Catalogue of Mathematical & Mechanical Puzzles, Deceptions and Magical Curiosities* ([London]: T.C. Savill, 1843), p. 4。

18. Peter Friedrich Catel, *Verzeichniß von sämmtlichen Waaren, so bey dem Kaufmann Peter Friedrich Catel* (Berlin: 1785), p. 6.

19. [William Clarke,] *The Boy's Own Book: A Complete Encyclopedia of All the Diversions, Athletic, Scientific, and Recreative, of Boyhood and Youth* (London: Vizetelly, Branston and Co., 1828), pp. 424–425.

20. Roberta Wue, *Picturing Hong Kong: Photography, 1855–1910* (New York: Asia Society Galleries, 1977), p. 83.

21. 约翰·汤姆森出生于苏格兰爱丁堡。日后他成为了最著名的早期拍摄中国的摄影家。1868 至 1872 年，他以香港为基地，带着沉重的木制摄影器材、又大又易碎的玻璃底片和随时可能爆炸的危险化学制剂，深入中国内地拍摄了无数的宝贵作品。汤姆森拍摄的清朝大人们、新娘们、苦役们、山水等各种各样的题材为外面的世界提供了第一批关于中国的视觉材料。汤姆森在摄影上的创新以及他对中国栩栩如生的描述使得他无可争议地成为新闻摄影的先驱。

22. John Thomson, *Through China with a Camera* (Westminster, UK: A. Constable, 1898; New York: Dodd, Mead, 1898), pp. 27–28. 这是第一本用照片向西方人介绍中国内陆的书。

23. "Review: Photographs of Hongkong by John Thomson, F.R.G.S &c.," *China Mail* (Hong Kong), September 12, 1868.

24. Charles Cloutier-Martin, *Louis-Émile Pinel de Grandchamp, Artiste-Peintre* (Beaune: Imprimerie Arthur Batault, 1894), p. 7.

致谢

如果没有来自社会各界的支持，难以想象我们如何得以完成这项艰巨的写作。借此机会向大力支持和帮助过我们的国内外的研究人员、学者、图书馆档案馆馆员、古玩商、收藏家、志愿者、亲朋好友及同好们致谢！

特别感谢对我们的工作起过关键作用的六位：美国益智游戏收藏家斯坦·艾萨克斯（Stan Isaacs）介绍我们加入国际益智游戏群体，让我们第一次接触到这个充满世界益智游戏藏家、爱好者及经销商的新天地。美国益智游戏收藏家及历史学家杰瑞·斯洛克姆（Jerry Slocum）不仅将我们带上了益智游戏收藏之路，还给过我们无数建议和帮助。旧金山亚洲艺术博物馆中国装饰美术部原主任谢瑞华（Terese Tse Bartholomew）是第一个鼓励我们深入研究中国益智游戏的人，也是我们研究益智游戏中之民俗文化的导师。余俊雄将中国的智友介绍给我们，并在北京玩具协会的旗下成立了北京益智玩具研究小组。中国科学院自然科学史研究所的苏荣誉教授不仅在各方面给予我们极大的帮助，还随我们实地考察、引荐国内各地的专家，为我们解答专业上的疑难。旧金山亚洲艺术博物馆现代艺术部主任陈畅（Abby Chen）为我们在旧金山和纽约的展览搭桥铺路，让我们深藏闺中的益智游戏精品得以与观众见面。

早在筹划第一次益智游戏展览时，我们的好友、旧金山亚洲艺术博物馆董事李萱颐（David Lei）就告诉我们："办展不出展览图录，五年后就如同没有办过展览一样。"伦敦大学东方与非洲研究学院的教授及亚洲游戏专家卢庆滨（Andrew Lo）鼓励我们"尽快出书"。芝加哥艺术博物馆亚洲艺术部主任汪涛建议我们在书中写下二十载的收藏心得。没有这三位朋友的鞭策，这本书也许今天还没开始动笔。

千里之行，始于足下。当年俞崇恩和阮根全把我们吸引到了收藏研究中国传统益智游戏这条路上，走了这么远的路后再回首，真要感谢他们。写这本书是个厚积薄发的过程，还有这些鼎力相助的诸位功不可没。莱顿大学的 Dick Sonneveld 花费了无以计数的时间，多次帮助我们解决了学术上的难题。其他为我们提供过各种各样帮助的人还包括：傅起凤、周伟中、姚毓智、王连海、李遵西、傅腾龙、毓嶦、谈祥柏、刘慈俊、姜胜年、阮和娣、郑介初、朱帅、高居翰（James Cahill）、柯惕思（Curtis Evarts）、魏汉茂（Hartmut Walravens）、胡伯坚（Herbert Bräutigam）、Stephen Allee、David Singmaster、Andreas Hinz、Françoise Dautresme、Naoaki Takashima、Frances Elder 和

Eldon Worrall。许多朋友和同好审阅了我们的书稿并提出过宝贵意见，他们是朱慕君、David Rasmussen、Steven Rasmussen、Norman Sandfield、Herb Kohl 和 Nan Chapman。我们还要感谢使书中藏品熠熠生辉的摄影师 Germán Herrera、刘念（Niana Liu）以及孔祥哲。最后向这本书的装帧设计师李猛致谢。我们对书中可能出现的错误或纰漏负责，欢迎大家指正。

许多机构和单位向我们开放了研究资源、提供参考服务并分享其收藏的图片，在此向他们致谢：故宫博物院、中国第一历史档案馆、恭王府、浙江省图书馆、上海图书馆、复旦大学图书馆、欧洲的 British Library、Museum für Völkerkunde Dresden、Staatsbibliothek zu Berlin，美国的 Peabody Essex Museum、Columbia University Rare Book and Manuscript Library、Metropolitan Museum of Art、Brooklyn Museum Archives、Philadelphia Museum of Art、University of Pennsylvania Museum of Archaeology、Ryerss Museum and Library、Montgomery County Historical Society、Freer Gallery of Art、University of Colorado Boulder Library、Stanford University Library、Asian Art Museum of San Francisco、East Asian Library of the University of California at Berkeley、Asian Art Museum of San Francisco、Berkeley Public Library、Oakland Public Library 和 Christie's 拍卖行。

我们双方的亲属们也都参与了进来，在北京的张卫的妹妹、妹夫多年来事无巨细地帮助我们；彼得的两个弟弟为此书的英文初稿提供了有价值的建议和编辑反馈。我们为有这样的家人而感到自豪。

在所有参与这项工作的人中，我们向旧金山艺术家刘念致以最衷心的感谢。在过去的十二年里，她的工作涵盖了调查采访拍摄、中英文书稿翻译编辑、此书的基础设计及藏品摄影的造型设计等。她是我们团队中不可或缺的一员。

最后感谢热情好客的中国人民，是他们使我们的旅行变得更加丰富多彩、充满了故事和这本书所未能承载的更多的意义。

雷彼得　张卫
于美国加利福尼亚州伯克利市
2020 年 5 月

图像来源

Germán Herrera（加州圣拉斐尔市），摄影：

9 下、11 下、15–17、18 下、20、24、25 右、26–30、32、35、41–45、50–51、54、57–61、62 上、63、66、68–69、70 下、73 下、74 上、75 下右、80–83、85、87–92、96–101、103 右、106–107、111、117–118、120、123、127–129、140–141、148、151–169、172 下、174–181、183–190、192–196、197 上、199 下、202、204–205 上、206–207、208 上、210、211 下、212、215 上、216 下、217、218–219、220 下、221–223、224 上、226、229、231 上、232–236、239–245、256、258–259、261、262 下、266、267 上、268、272、275 上、280–281、283–289、292–294

刘念（旧金山），摄影、插画：

9 上右、10 上右、13 左、18 上、22、25 上左、45 下、46、62 下、65、71、73 上、74 下、75–76、93、94 上、109、114、115、116 上、122、138 下、139、142 右、144–145、150、213 上、228、230 右、231 下、250、260、264–265、267 下、269、290–291、300

孔祥哲（北京），摄影：

10 下、94–95 下、125、130–133、170–171、213 下、246–249、270、273、275 下、276–277

中国传统益智游戏基金会：

8、9 上左、10 上、11 上左、13 右、34、36–37、64 下、67、70 上、102 右、118、142 左、146、215 下、230 左

以上图像由中国传统益智游戏基金会所有。未经许可，不得使用。

The above images are copyright © 2020 by the Classical Chinese Puzzle Foundation, P.O. Box 10191, Berkeley, CA, 94709 USA. All rights reserved.

有关高清图像的使用及博物馆借展信息，请联系：info@c2p2.org

其他图像

31：故宫博物院提供。摄影：马晓旋、刘志岗

38 左：Waldemar Hirth, Munich

39：Brooklyn Museum Archives. Culin Archival Collection, General Correspondence [1.2.018] 1893–1921

48：Columbia University, Rare Book and Manuscript Library, New York

64 上：阮和娣，苏州

84：Ryerss Museum and Library, Philadelphia, PA

86：Montgomery County Historical Society, Norristown, PA

102 左：故宫博物院提供。摄影：孙志远

104–105：中国第一历史档案馆

116 下：傅起凤，北京

143：© 中国建筑工业出版社，北京

173：Françoise Dautresme, Paris

208 下：刘慈俊，多伦多

209：故宫博物院提供。摄影：孙志远

224 右：傅起凤，北京

252–253：Metropolitan Museum of Art, New York, The Elisha Whittelsey Collection, The Elisha Whittelsey Fund, 1962

263：姜胜年，西安

278–279 下：© 2006 Peabody Essex Museum, Salem, MA. Photography by Mark Sexton and Jeffrey R. Dykes.

279 上：上海书店

282：Terry Pommett, Nantucket, MA

297：Christie's, London

Copyright © 2021 by SDX Joint Publishing Company.
All Rights Reserved.
本作品版权由生活·读书·新知三联书店所有。
未经许可，不得翻印。

图书在版编目（CIP）数据

趣玩 . Ⅰ , 中国传统益智游戏 /（美）雷彼得,（美）张卫,（美）刘念著 . —北京：生活·读书·新知三联书店 , 2021.3
ISBN 978-7-108-06964-1

Ⅰ . ①趣… Ⅱ . ①雷… ②张… ③刘… Ⅲ . ①智力游戏 - 介绍 - 中国 - 16—20 世纪 Ⅳ . ① G898.2

中国版本图书馆 CIP 数据核字 (2021) 第 018104 号

责任编辑	曾　诚
装帧设计	李猛工作室
设计协力	杜英敏　宗国燕
责任校对	常高峰
责任印制	宋　家
出版发行	生活·读书·新知三联书店 北京市东城区美术馆东街 22 号　100010
网　　址	www.sdxjpc.com
图　　字	01-2021-0091
经　　销	新华书店
印　　刷	天津图文方嘉印刷有限公司
版　　次	2021 年 3 月北京第 1 版 2021 年 3 月北京第 1 次印刷
开　　本	787 毫米 ×1092 毫米 1/16　印张 19.25
字　　数	166 千字　图 481 幅
印　　数	00,001-10,000 册
定　　价	148.00 元

印装查询 010-64002715　邮购查询 010-84010542